U0140314

不平等的錯覺

意識形態混戰下的謬誤與真相

錯覺

SOCIAL JUSTICE FALLACIES

THOMAS SOWELL

"A brilliant warning that so much of our current strident
rhetoric about victimization and a lack of equity is not
grounded in either historical or economic data."
–*Victor Davis Hanson, author of The Dying Citizen*

湯瑪斯・索威爾/著

周宜芳/譯

CONTENTS

你有發表個人意見的權利，

但沒有片面主張事實的權利。

——丹尼爾·派翠克·莫尼漢（Daniel Patrick Moynihan，
1977–2001），美國前參議員、聯合國大使[1]

第 1 章
機會均等悖論

　　早在十八世紀，盧梭（Jean-Jacques Rousseau）筆下的「大自然在人與人之間建構了均等，人類在人與人之間設置了不均等」，就已經表達出社會正義願景的精義。[1] 在盧梭設想的世界，人無論階級、種族和其他類別，從事任何事務都享有均等的機會（chance）——也就是所謂「所有其他條件均等」。但是，影響結果的其他條件愈多，所有其他條件均等的可能性就愈低。

　　在現實世界，我們幾乎看不到預期「所有影響因素相同」之下會出現的那種均等結果。就算是在機會（opportunity）均等的社會（意思是用同樣的標準來評判每個人），不同出身背景的人也不一定會想要做同樣的事，投入的時間、心力來培養同樣的技術和能力，更是不在話下。

以美國體壇為例，職業籃球的黑人球員比例偏高，職業網球則是白人球員比例偏高，而在職棒大聯盟（Major League Baseball），西班牙裔球員的人數也高到不成比例。在職業曲棍球界，雖然美國隊伍數量多於加拿大，加拿大球員卻比美國球員多——儘管美國人口超過加拿大人口八倍。此外，在國家冰球聯盟（National Hockey League，NHL），遠自四千英里之外的瑞典球員人數比加州球員人數還多，雖然加州人口幾乎是瑞典人口的四倍。[2]

諸多不均條件當中，氣候差異便是其一。在寒冷的氣候區，水道一冰凍就是一連好幾個月，因此有更多人有更多機會在成長過程中培養打曲棍球的基本重要技能——溜冰。這種氣候在加拿大和瑞典比在美國（特別是加州）更為常見。

特定群體某些能力發展的增進和阻礙，受到諸多差異因素所影響，氣候差異只是其中之一。

社會正義願景的核心假設如下：人類之間在經濟和

其他方面的差距遠遠超越先天能力的差距，因此這些差距是剝削和歧視等人類惡行之影響的證明或確據。

不同群體（無論是階級、種族或國家）之所以無法在經濟或其他方面獲得均等、甚至有可以相提並論的成果，這些所謂的惡行確實是眾多阻礙的一部分。但是，人類惡行絕對不是主宰經濟不均及其他差距的唯一原因。

把結果的不均等自動歸因於主流多數對從屬少數的歧視，這種論點很難站得住腳，因為在全世界許多國家以及在歷史上許多時期，都有許多從屬少數群體掌握經濟優勢、勝過主流多數群體的情況。

舉例來說，一項對鄂圖曼帝國的研究發現，1912年，在這個由土耳其人所統治的國度，伊斯坦堡列名40大私人銀行家中，沒有一個是土耳其人；伊斯坦堡的34名股票經紀人當中，也沒有一個是土耳其人。鄂圖曼帝國284家雇員人數5名以上的工業廠商，其資本資產有50％為希臘人持有，另外有20％在亞美尼亞人手中。[3]

這個現象絕非鄂圖曼帝國獨有。一國的整體產業超過一半由少數種族／族裔所持有或經營的例子包括馬來西亞的華人[4]、巴西的德國人[5]、西非的黎巴嫩人[6]、波蘭

的猶太人 [7]、阿根廷的義大利人 [8]、東非的印度人 [9]、英國的蘇格蘭人 [10]、奈及利亞的伊博人（Ibo）[11]，以及印度的馬瓦里人（Marwari）[12]。

與此對照，我們遍讀大量的社會正義文獻，無論是在當今世界上的任何一個國家，還是有記載的數千年歷史裡的任何時期，都找不到任何各個群體在開放競爭場域的成就按群體比例分布的例子。

在阻礙人類均等的潛力化為均等的已發展能力（developed capability）之諸多因素中，有些幾乎無法用人力控制（例如地理），有些甚至根本無法控制（例如過去）。[13] 造成機會不均等的事物多不勝數，其中有一些值得詳細審視。

首先以一個能力明顯不均等的世俗現象為例：美國啤酒的領導品牌大部分都由德裔人士所創設。[14] 中國青島啤酒的創始人也是德國後裔。[15] 在阿根廷 [16]、巴西 [17] 和澳洲 [18] 的啤酒釀造廠，德國人也一直占有一席之地。至於在歐洲，德國長期以來一直是領先的啤酒生產大國。[19]

原來，早在羅馬帝國時期日耳曼人就已經開始釀造啤酒。[20] 一支民族從事一項工作超過千年，做得往往比不具這段歷史背景的民族更加成功——這有什麼好驚訝的呢？

　　我們在此討論的並非取得廣泛成就的天生潛力，而是執行某項非常具體的事務的已發展能力。無論德國人是因為什麼樣的環境條件組合而在古老時代開始釀造啤酒，他們許多世紀下來所發展出來的技術已經成為現世的事實；過去在其他特定領域發展出特定技能的其他群體也是如此。沒有任何個人、機構、社會能夠擁有一絲一毫掌控力的許多事物之一就是過去。過去無法改變。此外，誠如一位著名的歷史學家所言：「我們不是活在過去，是過去就在我們身上。」[21]

　　某些事情做起來比其他民族技高一籌，這絕非德國人的專利；反過來說，其他民族在某些事上就比德國人強。例如，我們經常聽到人家說「法式佳餚」或「義大利美食」，但是就算有、也很少聽到有人說「德國佳餚」或「英國美食」。然而，這些民族所在的國家全都聚集在歐洲。羅馬與柏林之間的距離相當於紐約與芝加哥，而倫敦與巴黎甚至比洛杉磯與舊金山更近。

　　重點在於，即使是看似極為類似的環境，某些領域還是可能有截然不同的歷史、文化和成果。幾個世紀以來，在世界各國，某個群體在某個類型工作具備某些技能已經成為日常的事實。[22] 即使今天有兩個群體剛好生活在相同的實體環境裡，但是他們在人類存在的數千年間所受到的環境影響有可能完全相同嗎？蘇格蘭人釀製的威士忌，品質長期以來馳名天下，就像法國人以葡萄酒在國際間享負盛譽。但是蘇格蘭人生產葡萄酒無法與法國人媲美，因為種植在法國的葡萄無法在蘇格蘭的寒冷氣候中生長。我們沒有理由期望蘇格蘭人做葡萄酒可以和法國人拚，或是和德國人比釀啤酒。

這種「互有的不均」（reciprocal inequality）不一定能歸因於種族、種族主義或任何形式的歧視。在解釋結果的不均等時，那些不假思索就想到歧視偏見的人，也無法舉出世界上有哪個地方、哪個國家符合他們奉為標準的人口代表性。

互有的不均

雖然群體之間在同一個領域的均等絕非常有，但是在不同領域互有的不均卻稀鬆平常。按照那些把結果的差異視為歧視偏見的證明或確據的人的說法，不同人類群體或許具備均等的先天潛力，但是，人並不是按照天生的潛力而受雇或獲得酬勞。人之所以能受人聘雇、支領酬勞、錄取進大學或是得到想要的職位，憑藉的是他們所具備的特定領域相關之已發展能力。從這些角度來看，互有的不均或許能顯示均等的潛力，但並不足以做為期望結果均等的立足點。

即使是在許多成就項目落後的群體，他們通常也會有一些表現不但毫不遜色、甚至出類拔萃的領域。例如，缺乏教育背景的群體可能會在許多相關教育背景為必要條件的領域落後，但他們往往會在個人才華和精誠致志是關鍵因素的領域出人頭地。長期以來，體育界和娛樂圈一直是美國愛爾蘭人、黑人和南方白人等群體擺脫貧困、締造輝煌成就的領域。[23]

無論是所得還是能力，我們都難以找到群體之間的均等，但我們也同樣很難舉例顯示任何種族或其他大型社會群體沒有成就超越平均水準的領域。

互有的不均俯拾皆是——即使均等不常有。正如我們所見，在美國，不同的種族群體在不同的運動舞台稱霸。這樣一來，其中一個結果就是美國體壇的群體比例不均程度，整體看來並沒有像在個別運動項目那麼嚴重。同理，其他領域也因為互有的不均而適用類似的原則。

舉個例子，如果我們綜觀史上工商業領域的富豪，可能會發現猶太人在零售、金融、服飾製造與銷售領域的身影，遠遠比在鋼鐵業、汽車生產或煤礦業普遍。職業也是如此，各行各業整體代表性近似的群體，在特定職業的代表性可能非常懸殊，像是工程、醫藥或法律。美國亞裔與愛爾蘭裔專業人士集中的行業就不盡相同。

由於互有的不均，領域愈狹隘，代表性就愈不可能按不同群體的比例分配。然而，社會正義大軍出征的對象往往是單一公司在群體代表性的不均，並以此做為雇主歧視的證明或確據。

不同族群身處的環境與條件迥異，演變過程也各不相同，因此發展出不一樣的才能，從而在包羅萬象的領域創造出成就上互有的不均；任何一個領域不見得會出現完全均等，甚至連棋逢敵手的情況也沒有。這種互有的不均不能用來支持以基因決定論或歧視偏見理論做為不均等順理成章的解釋。

許多假設和說辭沒有經過任何實證，卻在社會正義文獻中反覆出現。比方說，講到矽谷女性在統計上「代表性不足」，有些人就自然而然認為這是矽谷雇主的性別歧視所致。無巧不巧，矽谷的工作多以工程技術的應用為基礎，包括電腦軟體工程——而無論是大學還是研究所，美國工程學位的女性占比都不到30％。[24]

美國男性在教育學士學位的占比不到20％，在碩士學位和博士學位的占比分別只有22％和32％。[25] 那麼，男性在學校教職的代表性不足、女性在工程業的代表性不足，大家會對此感到意外嗎？

由於女性和男性所學的專業迥異，在這些行業裡比較女性與男性的統計代表性，就像比較蘋果與橘子。這些專業選科通常是個人各自的決策，而且決定的時間點比他們遇到雇主、展開專業職涯還早上好幾年。

女性整體所得與男性整體所得的比較是一個更普遍的問題。這種比較排除了女性與男性在生活形態上的許多具體差異。[26] 其中一項最根本的差異就是女性擔任全職、常年工作者的比例明顯低於男性。美國人口普查局

（U.S. Census Bureau）的數據顯示，2019 年的全職常年工作者中，男性比女性多了 1,500 萬人。[27] 女性的工作形態包括較多的兼職工作，而且許多女性在數年期間完全退出勞動力，原因通常是留在家裡照顧年幼子女。[28]

如果把工作形態的種種差異納入考量，男女所得的差異會急劇縮減，有些時候甚至會出現逆轉。[29] 早在 1971 年，從學校畢業之後持續工作的三十多歲單身女性之所得就略高於條件相同的男性。[30]

同理，不同種族群體代表性差異的統計數據背後，經常忽略群體本身的形態差異。一家舊金山報紙的一則報導標題正是把人口代表性差異與雇主歧視畫上等號的典型例子：[31]

為什麼非裔與拉丁裔仍被拒於科技業的門外？

亞洲人是否被「排拒」在職業籃球的門外？加州人是否被「排拒」在國家冰球聯盟的門外？均等的人口群體代表性在其他領域是否普遍或理所當然到如果有哪個領域不是如此，就只能歸因於有人把特定群體排拒在外？

正如人口代表性在工程領域的性別差異，從事工程行業的教育資格也有明顯的種族差異。亞裔美國人擁有工程學士的人數比非裔或拉丁裔都還多，然而在美國，不管是非裔還是拉丁裔，人口規模都超過亞裔。[32] 在博士等級，亞裔美國人的工程博士學位數量超過非裔與西班牙裔的總和。[33]

工程學位的種族差異絕非美國獨有的現象。在 1960 年代的馬來西亞，屬少數群體的華人有 408 個工程學位，而屬多數的馬來人只有 4 個。[34]

比較某個領域裡的族裔群體差異，就是再一次在專業教育或其他專業的養成拿蘋果比橘子。這時，即使沒有人遭到「排拒」，機會（opportunity）的均等（意即對每個人都採用同樣的標準）也不會產生均等的結果。在由馬來人開設、由馬來西亞政府管轄、也由馬來人經營的大學，馬來西亞華人不可能把馬來學生「排拒」在門外。

法院在判定雇主是否歧視時所採用的「差異影響」（disparate impact）標準，隱然假設不同群體均等人口代表性的存在，但是根本沒有人能在任何地方找到這種東西。發現全世界各國普遍存有龐大差異的國際學術研究要多少有多少[35]，其中有項研究的結論是：「沒有任何一個社會在各個區域和各個人口群體都呈現均等發展。」[36]

　　儘管如此，美國最高法院有些大法官還是接受以「差異影響」統計數據做為判斷雇主是否歧視的證明或確據，儘管最高法院本身的統計差異性比用來指控雇主歧視的差異更為極端。從 2010 年到 2017 年連續八年，在這個新教徒的人數超過天主教加猶太教的國家[37]，所有最高法院大法官都是天主教徒或猶太人。[38] 然而，之所以沒有人懷疑其中有任何不良企圖或陰謀，最明顯的原因就是這些大法官皆由兩黨的總統任命，而這些總統全都是新教徒。

　　上述種種都無法否認雇主偏見可能、而且已經成為就業現況某些差異的因素。但是，「均等機會」的阻礙有諸多因素，絕對不能全都推給人類偏見。

不均等的源頭

　　不同的社會群體在各種領域的能力是否均等，這個問題迥異於種族或性別差異是否會造成取決於先天基因的心智潛能差異。在這個脈絡下，二十世紀初期進步時代在美國知識分子之間蔚為主流的基因決定論（genetic determinism）假設就是一個無足輕重的議題——不過我們會在第 2 章處理這個主題，而且會在其他地方針對這個議題有更為廣泛的討論。[39]

為了便於論證，就算我們假設每個社會群體、甚至是每一個個人在受孕時都具有均等的智力潛能，這都還不足以保證每個人出生時的「原生智能」能夠均等；至於在不均等的環境裡成長，以及／或是在不同文化取向影響下、在不同領域裡追求不同目標之後，能力還要有均等的發展，當然就更不可能。

個體之間的不均等

不均等的環境從子宮就已經開始。研究顯示，孕婦的營養差異會反映孩子成長之後的智商測驗成績差異。[40] 母親攝取的各種物質會對孩子的智商和整體健康產生正面或負面的影響。[41]

即使是可以合理期望能力發展最為均等的情況

下——同父同母、成長於同一個家庭的孩子——早在十九世紀、橫跨大西洋兩岸都有研究指出，以群體而言，排行老大的孩子平均智商較高[42]、完成大學教育的比例較高[43]，在各個領域成為高成就者的占比也偏高。[44]

例如，有項研究發現，進入美國國家優秀獎學金決選的學生，有超過一半是家裡第一個出生的孩子，無論是兩個、三個、四個、甚至是五個子女的家庭都一樣。[45]也就是說，在有五個子女的家庭裡，第一個孩子進入決選的機率比其他四個孩子加起來還要高。同樣地，教育成就或事業成就的其他衡量指標也顯示，無論是在美國還是其他調查國家，在各種領域表現頂尖的群組，排行老大和獨生子女的占比都偏高。[46]

第一個出生或獨生的子女在孩童的關鍵早期發展階段，會得到雙親全副心力的關注，這顯然是後來出生的兄弟姊妹無法擁有的。反過來說，也有許多研究發現，單親家庭的孩子在許多社會問題的發生率較高——同樣，無論在美國還是在大西洋對岸都是如此。[47]一項針對成長過程沒有父親參與的男孩的研究發現，他們在從逃學到謀殺等各種犯行群體裡的占比偏高。[48]

正如一項研究所言，這些犯行與失怙的關聯性高於其他任何因素，「甚至超越種族與貧窮」。[49] 無論是黑人或白人，失怙男孩的監禁率都高於平均水準，雖然失怙黑人男孩的頻率更高。[50] 種族之間的差異並非全都源自種族因素——無論是指基因或是種族歧視。

顯然，這些男孩在從學校到警察局等各個機構得到的待遇無論公平與否，都沒有「均等的機會」可言。女孩也會受到負面影響，一個反映面向就是由單親撫養的青少女懷孕率較高。[51] 在底層階級人口的種族組成與美國非常不同的英國，犯行模式也非常類似。[52] 英國的底層階級主要是白人，儘管沒有「奴隸制度遺毒」可以做為想當然耳的解釋，但就許多方面來說，它顯現的社群形態與美國的低收入黑人群體非常類似。[53]

美國孩童在不同的社會階層、不同的養育方式下成長，進入成年時期具備同等能力的可能性將大幅降低。研究顯示，由有專職工作的父母所養育的孩童每小時聽到的字彙數量，超過生長於社福補助家庭的孩童三倍。此外，如果父母是專業人士，這些字彙更常是正向和鼓勵的話語，而在靠福利救濟的家庭，說的往往是負面和打擊的言詞。[54]

誰會真的相信，在如此迥異的家庭裡度過養成期的孩童，在學校、職場或其他地方會沒有差別？

用事實檢驗假設時，必須明確區分人生初期潛能的均等以及後來已發展能力的均等。有些社會正義倡議人士可能會隱含假設不同群體具有相似的已發展能力，因此結果的不同顯得令人不解。但是，以實際表現能力而言，同一個人在自己人生的不同階段發展也不均等（無論是身體還是心理），更何況是身處不同人生階段的不同人。

群體之間的不均等

在社會正義願景的核心有個看似所向披靡的謬論：若不是某種歧視偏見的干擾造成我們周遭看到的龐大差異，人不管怎麼分門別類（例如階級、種族、國家），大多時候在各種領域的努力通常會產生均等、或者至少有可以相提並論的成果。

然而，年齡中位數差異達一、二十年的不同群體，無論是在需要青年體能的領域，還是需要隨著年齡增長而累積經驗的領域，發展形態都不太可能一樣。日裔美國人的年齡中位數是52歲，墨西哥裔美國人則是28歲，他們在不同行業與不同所得水準的代表性不同，自然不足為奇。[55] 即使這兩個群體在其他方面都相同，光是年齡差異就足以造成他們的所得差異，因為中年美國人的所得中位數高於二十幾歲的美國人。[56]

以國家而言，就像階級、種族或族裔一樣，光是有年齡上的差異，經濟或其他成果的均等就極不可能實現。有些國家的人口年齡中位數超過 40 歲（德國、義大利、日本），也有一些國家的人口年齡中位數低於 20 歲（奈及利亞、阿富汗、安哥拉）。[57] 一個是人口有一半是嬰兒、幼兒和青少年的國家，一個是人口有一半在 40 歲或以上的國家，為什麼會有人期望這兩個國家擁有相同的工作經驗和教育程度（即相同的人力資本）？

不同的國家有不同的地理、氣候和其他條件，也有不同的優點和缺點。即使是人口潛力相等的國家，也在世界各地截然不同的環境裡面臨不同的生存與演進的課題，幾個世紀下來，我們實在很難指望它們具有同等的已發展能力。

　　各個洲陸之間也存有龐大差異。非洲的面積雖然超過歐洲兩倍，但歐洲的海岸線卻比非洲長數千公里——乍看之下或許幾乎不可能，不過歐洲的海岸線蜿蜒曲折，形成港口，供船隻安全停靠，躲避海洋的惡水。[58] 相較於海岸線的里程長度，這些港口才是更雄厚的優勢所在。

　　歐洲陸地面積有超過三分之一是島嶼與半島，海岸線的長度正因許多島嶼與半島而增加。[59] 相較之下，非洲的海岸線平坦，港口的數量遠遠少得多；島嶼和半島也是，只占非洲陸地面積的 2%。[60]

　　長期以來，歐洲人比非洲人更受惠於海上貿易，何意外之有？亞當・斯密（Adam Smith）早在十八世紀就指出這種地理差異[61]，他也駁斥非洲人是次等人種的主張。[62] 此外也有學者特別描述撒哈拉以南非洲地區眾多而嚴重的地理障礙。[63] 法國著名歷史學家費爾南・布勞岱爾（Fernand Braudel）曾總結道：「要了解黑色非洲，地理比歷史更重要。」[64]

　　對人類經濟與社會發展有重大影響的可通行水道林

林總總，港口不過是其中之一。港口的影響在於水路和陸路的運輸成本差異懸殊。以古代世界為例，相同的貨物跨越地中海（超過 2,000 英里）的運輸成本比內陸 75 英里還低。[65] 也就是說，沿岸地區居民與其他沿岸地區的人和地方之間在經濟和社會的互動，遠遠比內陸居民與其他內陸或沿岸居民的互動還要廣泛而豐富。

一本地理專著指出，「與地中海沿岸地區相比」，古代歐洲地中海的內陸地區「停留在落後文明的狀態」。[66] 不是只有地中海地區有這種現象。「一個國家最早發展的地方是沿海地區，而它發展的不是本土或地方文明，而是國際都會文化，之後再從沿海輾轉傳播到內陸。」[67] 雖然也有特例，但這種發展模式普見於世界各地，成為一種普遍形態。[68]

這種形態反映水路運輸與陸上運輸成本的懸殊差距，這種差距也從多方面影響經濟前景。特別是現代鐵路和卡車在過去兩個世紀期間問世之前，全球的大城市多半都位居通航水道，畢竟如果供應內陸城市居民所需的大量糧食都只能由陸路運輸，那麼糧食會變得極其昂貴。即使時至今日，河流可通航的地點也具有優越的經濟優勢，如果這些通航河流能連接到沿海地區，那更是如此。[69]

氣候是自然界影響人類經濟與社會發展的另一個層面。溫帶地區比熱帶地區更常有肥沃的土壤。[70]這一點顯然會影響農業生產力，但影響不僅只於此。都市化仰賴城市社區以外的糧食供應，而農業通常是主要來源。幾個世紀以來，科學、技術與其他領域的進步一面倒地發源自城市社區。[71]

哈佛大學國際發展中心（Center for International Development）的實證研究發現，土壤肥沃、距離海洋一百公里以內的溫帶地區，面積只占全球居住地的8％，但人口卻占全球的23％，創造全球53％的GDP（Gross Domestic Product，國內生產毛額）。[72]這一點反映這些地區與全球其他地區之間的人均所得差異。[73]

世界地理區之間的眾多差異當中，這只是其一。歐洲人踏上西半球之際，西半球的原住民沒有馬、牛、駱駝或大象，也沒有任何其他負重的動物或野獸提供人與貨物的運輸，就像東半球大部分地區載人運貨的那些動物。駱馬在印加帝國所在的部分南美洲地區被用來做為駄獸。但是,即使南美洲地區有駱馬,數量上也不足以與世界另外一個半球的役用動物相提並論。

西半球役用動物和駄獸的稀缺產生了更廣泛的經濟影響。由於缺乏動物,陸路運輸的成本特別高昂,經濟上可行的貨物運輸距離也因而受限。這又會回過頭來限制水路運輸船舶的規模。獨木舟在西半球很常見。但是,像是歐洲的大船,或是中國在歐洲中世紀時期更龐大的船隻,如果沒有動物從方圓數里之地運輸大量足以滿載的貨物,經濟上根本無法存續。

在歐洲人抵達之前,西半球也未曾使用輪式車輛。輪子有時被認為是經濟發展劃時代的發明,但要是沒有動物來拉,輪式車輛就沒有這種潛能。馬雅人雖然也發明了輪子,卻是用於製作兒童玩具。[74] 要是馬雅人曾經遇到印加人和他們的駱馬,由動物拉動的輪車應該會成為西半球的經濟資產,但當時西半球文化世界的地理限制有礙這種發展的萌芽。

英國人與易洛魁人(Iroquois)在北美對抗時,雙方憑藉的文化世界規模就截然不同。雖然易洛魁人是生活於廣大地區的部落聯盟,但是英國人靠著出現在龐大歐亞陸塊、西半球卻沒有的動物，得以從世界更廣大的區域汲取發明、發現與知識。於是，英國人能夠用中國發明的指南針橫渡汪洋、用中國發明的舵變換航向、用埃及的數學觀念運算、使用印度發明的數字系統，並以羅馬人創造的字母在中國發明的紙上書寫。

易洛魁人對於印加人與馬雅人的文化成就沒有相對應的接觸。[75] 他們也沒有接觸到在東西幅員廣達一萬公里的歐亞大陸傳播的許多疾病；這些疾病在過去幾世紀釀成毀滅性的瘟疫，但是也讓倖存的歐洲人口對許多疾病具備抵抗力，而這些致病菌也隨著歐洲人登陸西半球，摧毀許多缺乏抵抗力的原住民。染病的原住民死亡率有時超過 50％或更高，為歐洲征服北美洲與南美洲增添助力。

無論是從地理因素還是大自然的其他面向來看，我們都不能理所當然地假設人類成就應該呈現均等或隨機分布。影響因素太多了，我們無法期望它們全部均等，或是在人類經濟與社會發展的數千年歷程中保持均等。儘管盧梭宣稱大自然建構均等，但大自然本身向來就不是平等主義者，一如地理、氣候、疾病與動物所顯現的差異。就像著名的經濟歷史學家大衛·蘭德斯（David S. Landes）所言：「大自然就像人生，都不公平。」[76]、「世界一直以來都不是一個平整的賽場。」[77]

地理影響因素眾多，而且因地而異，但這並不表示地理決定論成立。種種因素與人類知識及人類錯誤相互作用，在不同的時代裡發展。土地肥沃之地也曾發生饑荒，而無論是饑荒之前或過後，這些地區都有餘糧可以出口。[78] 自然資源的供給並非固定不變，因為自然資源的蘊藏取決於人類對於利用方法之所知，而人類的知識又會隨著時代推移而變化。

長期以來，西歐與北歐都比東歐或南歐擁有更多工業革命所使用的自然資源，例如鐵礦和煤。但是，在人類的知識還沒有發展到足以掀起工業革命之前的數千年期間，那些資源並沒有那麼重要。歐洲哪些地區處於優勢或劣勢，會因時代以及該時代可得的人類知識而異。

大自然對待兩性並沒有比對待其他社群、社會或國家更公平。人類對女性與男性在性行為的雙重標準，是大自然更根本的雙重標準一個微不足道的投射。男人再怎麼魯莽、自私、愚蠢或不負責任，永遠都不會懷孕。

女性會懷孕生子這個簡單明白的事實，代表女性在生活許多其他方面可能無法享有平等的機遇（chance），即使有些人類社會為已發展能力相同的人提供均等的機會（opportunity）。[79]

「人類偏見是人際之間經濟與社會成就差異唯一的解釋」──這個悖論看似嚴密，卻一再被世界各地社會鐵錚錚的事實給推翻。無論人類這個物種的初始狀態為何，「社會正義」這個詞彙都是人類生存數千年之後才有的產物。

在這段漫長到近乎難以想像的時間裡，不同民族在世界各地截然不同的環境中、以不同的方式演進，其間發展出不同的能力，在不同領域形成互有的不均。任何一個領域都不見得能形成均等，甚至連相近性都不一定可得。

環境與人力資本

環境不能簡單定義成當前的有形環境。人力資本也不能簡單定義為教育或技能。誠實等特質不只是個人美德，也是社區、文化與經濟的人力資本。

面積狹小而位置偏僻、勉強還算肥沃的土地，只能維持小社區基本生活所需——在這樣的地理條件下，欺騙得不到什麼好處；人在這樣的環境如果不團結、不誠實相待，反而會失去一切，因為在生存絕無保障的環境，人需要互信與合作。

在狹小、貧窮、偏僻、沒有警力也沒有消防隊的社區生活幾個世紀的居民都知道，除非團結起來守望相助，否則任何緊急事件都有可能演變成天崩地裂的大災難。對於生活在這些環境條件下的人來說，這個顯而易見的事實，比任何說教或法律都更能促進誠實和合作。至於身處截然不同而更有利環境的人，就不一定會發展出類似的誠實和合作意識。

簡單來說，誠信是我們不能假設在所有地方或所有族群之間均等存在的眾多因素之一。也沒有實證證據顯示這個因素比許多其他因素均等。要評估不同族群與不同地方的誠實度，可以做個簡單測試：在全球不同城市做實驗，故意把裝有鈔票和個人身分證明的錢包放在公共場所，看看當地市民的反應。

2013 年，有一項類似的計劃在不同城市展開實驗：他們在公共場所留下 12 個錢包，歸還時，裡頭還有鈔票的錢包個數從赫爾辛基（芬蘭）的 11 個到里斯本（葡萄牙）的 1 個不等。此外，在里斯本歸還的那個錢包，還是由一對荷蘭來的夫婦送還的；沒有任何一個葡萄牙人歸還錢包。[80] 更早的一項測試發現，錢包歸還的比例在挪威是 100％，美國是 67％，中國是 30％，墨西哥是 21％。[81]

還有一項誠實測試研究為期五年，研究對象是紐約市駐聯合國外交官繳付違規停車罰單的情況，他們享有外交豁免權，不繳交罰款也不會被起訴。結果，埃及 24 名駐聯合國外交官在五年期間累計了數千張未繳罰單；與此同時，駐聯合國外交官人數相同的加拿大，在同樣五年期間未繳的違停罰單張數是零；此外，有 31 名聯合國外交官的英國、有 47 名聯合國外交官的日本也是一張都沒有。[82]

十九世紀時，約翰・史都華・彌爾（John Stuart Mill）指出，一個社會誠實與否的程度是影響經濟發展的重要因素。彌爾以俄羅斯的嚴重貪腐為例做結論，這必然是「對改善經濟能力的沉重包袱」。[83] 自那之後，無論是沙皇統治、共產主義時期還是後共產主義的俄羅斯，都是遍地貪腐。[84] 俄羅斯人曾用「像德國人一樣誠實」來描述同胞——這句話等於默認俄羅斯人罕見的特質。[85]

反過來說，由於英國法律的誠實和公正能夠成為外國投資者的倚靠，英國的工業革命因而得到外國的資助。

我們沒有理由期望所有個人、群體或國家一樣誠實，一如沒有理由期望大家擁有一樣的技能、財富或智商。

在貪腐盛行的國家，即使所謂的「信任半徑」很少超過核心家庭的範圍，還是可能有特定群體，成員之間有足夠的信任可以靠口頭上的約定做生意，無須訴諸不可靠的法律制度。印度的馬瓦里人和東南亞華僑的各個支系甚至能夠根據口頭合意，與在他國的本家人進行國際貿易。[86]

在法律與政治體制不可靠的國家，本土競爭對手必須對經濟交易更加謹慎時，這會是重大的經濟競爭優勢。但是，即使在機構比較可靠的國家，能夠像紐約的哈西迪猶太人（Hasidic Jews）那樣互相寄售珠寶、根據口頭協議分享利潤，那也是一大優勢。[87]

無論一個社會的誠實水準如何，歷經了幾個世紀的滄海桑田，我們也沒有理由期望這些層面的現存差距永遠保持不變。但是，不管任何時候，誠信都是存有差異的眾多因素之一，讓人人機會均等變成一件極不可能實現的事。

偶發因素

除了各民族之間持續存在的差異，還有不可預測的偶發事件，例如戰爭、饑荒和流行病，都有可能擾亂特定民族的發展路徑。軍事衝突就是一種機遇事件，其結果難以估算，卻能夠決定整個社會或國家後代或幾個世紀的命運。

如果贏得滑鐵盧戰役的是拿破崙，而不是他的對手威靈頓公爵（Duke of Wellington），歐陸各個民族與國家的歷史可能會改寫。威靈頓公爵本人事後表示，那場戰役的結果是「一輩子所見過最難以預料的事件」。[88] 勝負只在一線之間。在更早之前，法蘭克人要是輸掉西元 732 年在圖爾（Tours）抵抗伊斯蘭軍隊入侵的戰爭，或是神聖羅馬帝國在 1529 年的維也納圍城之戰落敗，今天的歐洲在文化上將會是一個截然不同的地方。

結果看來，歐洲在文化、經濟或其他層面都遠遠不是一個同質化的文明：全歐洲各地民族不但數量與人力資本類型都不盡相同，西歐語言的書寫文字甚至比東歐語言早好幾個世紀出現，對兩個區域人民的教育產生重大影響——在需要學校與大學透過書本教導的知識和技能的領域，雙方難以享有均等的機會。[89]

這不單純是一種只限於過去的不均等，因為當今演變的起點，始於不同的過去裡不同的地點、不同的時點。幾個世紀以來，東歐一直比西歐貧窮、工業發展落後[90]，而東歐的凶殺率幾個世紀以來也一直是西歐的好幾倍。[91]

這種東西之間的鴻溝並非造成歐洲國家之間不均等的唯一根源。二十世紀初，「當時的英國只有 3％的人口是文盲，而義大利是 48％，西班牙是 56％，葡萄牙是 78％。」[92] 1900 年哈布斯堡（Habsburg）王朝也有類似的差異：波希米亞（Bohemia）的文盲比例為 3％，而達爾馬提亞（注：Dalmatia，今克羅埃西亞南部沿海一帶）是 73％。[93] 有大量學術研究發現，歐洲各地在技術發展水準、藝術與科學領袖人物多寡都存有龐大差異。[94]

非洲的經歷也十分類似：1957年，奈及利亞的中學生只有11％來自大多數人口居住的北部地區。[95]奈及利亞的北部人與南部人的機遇有天壤之別，該國不同區域在部落經濟成就上的差異正反映出這個事實。[96]

歐洲與奈及利亞分別因為不同的情況導致不同群體在識字率和入學率的差異。過去幾個世紀，歐洲人較為窮困之際，有些務農群體幾乎不需要識字，但是為了養家活口，對兒童的勞務通常有強勁的需求。這種時候，兒童的教育往往變成犧牲品，就連對廣闊世界的聽聞也被剝奪。

在世界其他地方，有無數因素影響著無數民族的發展。如果所有因素在過去數千年之間以同樣的方式影響所有民族，那才是不可思議的巧合。同理，同樣的民族在數千年的時間長河裡一直站在成就的巔峰，這也是極不可能的事。若從人類有歷史紀載的數千年裡取一小片段觀之，位居人類成就前緣的領先民族也已經換過好幾輪。

幾個世紀以來，中國的技術遠比任何一個歐洲國家都先進，例如比歐洲人早一千年擁有鑄鐵技術。[97]歐洲人還在用昂貴的材料做手工書寫的幾個世紀裡，中國人已經在用紙張做機器印刷。[98] 用昂貴的手抄本、而不是量產書籍讓大部分歐洲人接受教育，經濟上並不可行。歐洲人唯有自己發明印刷術之後，才能夠讓一小部分人口受教育。而只有在歐洲各個民族的語言都形於書寫文字之後，教育均等與人力資本發展均等才有可能，即使只是理論上可能。

人力資本的差異（包括誠信和語言，以及職業技能與工商業的才幹）在國家之間與一國之內都很常見。即使是機會均等（equal opportunity）的社會（意指所有人都公開競爭、適用相同標準），在這些條件差異位居劣勢一端的群體也不可能擁有均等的機遇（equal chance）來發展自己的能力。

我們或許同意「人人機遇均等」值得追求，但這絕對無法保證我們具備實現這個目標所需的知識或力量，甚至不必犧牲從自由到生存等其他值得追求的目標。

先進醫學研究為訓練人才進行招生時，是希望錄取學生的組成能夠反映整體人口分布，還是不論出身背景如何，只要有資歷可以證明他們精通醫學科學，最有可能找到癌症、阿茲海默症和其他重症的治療方法就行？
努力要有目的。沉溺於意識形態的願景會比終結癌症和
阿茲海默症更重要嗎？

你希望航空公司根據不同群體的人口比例挑選機
師，還是偏好搭乘機師是以其對所有複雜事物的精熟度
而得到錄用的航班，藉此增加你安全抵達目的地的機
會？一旦我們找出塑造不同已發展能力的許多因素，「人
人機遇均等（equal chances for all）」與「機會均等
（equal opportunity）」所產生的結果就截然不同。這個結
果比吸睛或流行的理論更加重要——或說理應如此。

更根本的是，我們想要的社會是其中有些嬰兒一生
下來就背負著對其他同一天出生嬰兒的不滿，因而人生
走向毀滅，還是應該至少讓他們可以選擇，創造比我們
更好的生活？

第 2 章

種族歧視悖論

　　關於人種與族裔議題，世界各地經常在不同的時間、地點出現激烈的主張。這些主張從二十世紀初美國的基因決定論（以「種族就是一切」解釋經濟和社會成果的群體差異），到二十世紀末與此相反的觀點（認為種族歧視才是造成這種群體差異的主因）都有。[1]

　　不同的族群各有不同的信仰，這在人類歷史上沒什麼不尋常。不尋常而危險的是（一）這種信念沒有經過事實或邏輯的檢驗而廣為流傳，以及（二）對提出實證以駁斥普遍信念的人發動人身攻擊，以及動用從審查到暴力等手段打壓證據，特別是在學術校園。

　　這些不單是特定個人或特定觀點才會面臨的危險。

它們危及的是一個由容易犯錯、彼此相異的信仰必須接受檢驗的人類所組成自由社會的基本運作。否則，就算自由社會沒有毀滅自由，也會在內部衝突中自我毀滅。幾個世紀以來，這兩幕已經太頻繁在太多地方上演。

主張 vs. 證據

根本的癥結不在於雇主歧視（或普遍的社會歧視）是否會導致經濟與社會成就在人種或族裔群體出現差異。它可以、也曾經是，而我們這個時代沒有理由排除它的可能性。但是，各種群體之間的成就差異還有許多其他成因——全世界各地隨處可見、史書上斑斑可考，而我們也沒有理由排除其中任何一個。

美國最常討論的差異是美國黑人與白人之間的差異，因此這是很好的起點。我們要問的問題是，美國黑人與白人之間的差異是否異常，或是異常高於美國或其他地方其他群體之間的差異。還有，除了人種（也就是基因）或種族歧視之外，是否還有其他明顯的原因造成這些差異。

好幾個世代以來，美國黑人家庭所得中位數一直低於白人家庭。至於差距多少，遠至 1947 年的政府官方數據顯示，資料年分的差距都沒有達到 2：1。[2] 那麼，相較於美國其他群體之間或其他國家群體之間的差異，這種差異程度又如何？

在美國，華裔、日裔、印度裔、韓裔等亞裔族群的人均所得中位數是墨西哥裔的兩倍多。[3] 這些亞洲群體的人均所得中位數也高於美國白人。[4] 亞洲印度裔的人均所得中位數將近墨西哥裔的三倍，比美國白人高了 15,000 美元以上。[5] 在全年全職的男性工作者中，亞洲印度裔男性的年所得比白人男性高了 39,000 美元。[6]

這就是我們在有些地方經常被警告的「白人優越主義」嗎？即使是低所得非白人群體的所得，也與美國白人有相當大的重疊。例如，2020 年的人口普查數據顯示，超過 900 萬美國黑人的所得高於美國白人的所得中位數。[7] 黑人百萬富翁家庭有數千個[8]，甚至還有幾位身價達十億美元等級的黑人富豪，其中包括老虎・伍茲（Tiger Woods）和歐普拉（Oprah Winfrey）。[9]

無論這種情況與政治言論以及許多媒體和學術界的

黑人形象（一種往往更像是存在於一個世紀前的形象）有多大的差異，現況都不值得誇口。反之，這是黑人年輕世代自我教育、把握唾手可得的機會、自我提升，大幅超越前幾代黑人的理由。

然而，討論貧窮率時，不同群體之間的經濟差異特別值得關注。例如，美國黑人家庭整體的貧窮率長期高於美國白人家庭。[10] 但是自 1994 年以來，在超過四分之一個世紀的期間，黑人已婚夫婦家庭的貧窮率沒有一個年度達到 10％。而自 1959 年起、超過半個世紀以來，美國的整體貧窮率不曾低於 10％。[11]

如果黑人家庭的貧窮是由「系統性的種族歧視」所造成，難道種族歧視者會對已婚的黑人網開一面嗎？種族歧視者會知道或關心黑人是否已婚嗎？

對照之下，無論黑人還是白人，單親家庭的貧窮率都遠高於已婚夫婦家庭。從 1994 年到 2020 年（目前有數據的最新年度），白人、女戶長、單親家庭的貧窮率都超過黑人已婚夫婦家庭的兩倍。[12] 如果「白人優越主義」如此強勢，怎麼會有這種情況發生？

黑人和白人的男戶長單親家庭都比女戶長單親家庭

更稀少。白人男戶長單親家庭的貧窮率低於白人女戶長單親家庭。然而自 2003 年到 2020 年，白人男戶長單親家庭的貧窮率每年都高於黑人已婚夫婦家庭。[13]

種族之間的統計差異不能自動歸因於種族因素——無論是遺傳因素還是種族歧視的結果。不同種族群體的單親家庭比例差異是影響所得差異的另一個因素，年齡中位數與教育程度的差異也屬於其他因素。

就像所得差距絕非只存於美國人種或族裔群體之間，這些群體內部的差距也不一定會小於群體之間的差距。

以紐約市為例，在 2017－2018 學年度，低收入少數族裔區域有數十個地點，在同一個社區招生的公辦民營學校和傳統公立學校位於同一棟建築物。這些學校的非裔與西裔學生參加同樣的全州數學考試時，公辦民營學校的學生在數學科達到官方「熟練」水準的比例是同棟建築傳統公立學校相同族裔學生的六倍多。[14] 這些懸殊的差距存於相同的群體之內，因此無法用種族或種族歧視來解釋。[15]「測驗有文化偏見」也不成理由。

同理，1930 年代一項對芝加哥非裔區的研究發現，同一區內各個鄰里的犯罪率從超過 40％到低於 2％不等。[16] 這些仍是相同時間、相同城市、相同種族群體內部的差異。

　　長期以來，白人人口內部也有與黑白之間一樣大的差距。例如 1851 年，南方白人人口大約是其他區域白人人口的一半，而美國核發的專利只有 8％ 頒給南方各州居民。[17] 南方白人在各種工作技能方面也長期落後其他地區的白人。比方說，1860 年，雖然南方的乳牛數占全國的 40％，但是奶油與起司的產量分別只有全國的 20％ 和 1％。[18] 南方人在乳製品產業的落後狀態一直持續到二十世紀。[19]

　　除了內戰之前的南方白人文盲率高於同時期北方白人等可以量化的差異，許多觀察家也評論道，南方白人工作明顯沒那麼勤奮。[20] 例如亞歷西斯‧德‧托克維爾（Alexis de Tocqueville）的經典著作《論美國的民主》（*Democracy in America*）[21]、佛烈德里克‧洛‧歐姆斯德（Frederick Law Olmsted）記述內戰前在南方旅行見聞而廣為流傳的《棉花王國》（*The Cotton Kingdom*），對此都有論述。[22] 至於屬於南方白人的觀察者則有李將軍（General Robert E. Lee）[23]、內戰前南方作家辛頓‧

赫爾伯（Hinton Helper）[24]，以及二十世紀南方歷史學家菲利普斯（U. B. Phillips）[25] 與魯伯特・萬斯（Rupert B. Vance）等人。[26]

即使時至二十一世紀的今日，在肯塔基州阿帕拉契（Appalachia）地區白人人口比例超過 90％ 的郡——克雷（Clay）和奧斯里（Owsley），當地家庭所得中位數不但低於全美家庭的一半，也比全美黑人家庭少了數千美元。[27] 根據人口普查局的研究，奧斯里是 2014 年美國各州收入最低的郡，人口 99％ 是白人。[28]

這些不只是特定年度單獨的偶發事件。自 1969 年到 2020 年，這幾個郡在超過半個世紀五項不同的調查裡，所得形態完全相同。[29]

2014 年，《紐約時報雜誌》（New York Times Magazine）刊了一篇文章發布美國各郡的經濟排名，敬陪末座的 10 郡當中有 6 個位於肯塔基州東部。[29] 雖然文章沒有提到這些郡的人口種族組成，但人口普查的數據顯示，那六個郡的白人人口比例都超過 90％。[31]

還是一樣，這些都不是特定年度的偶發事件。同樣 6 個郡在 1969 年至 2020 年的同期調查數據都顯現非常類似的形態：家庭所得中位數一直遠低於全國白人家庭，也始終低於全國黑人家庭。[32]

　　這種模式其實可以追溯到更早的時期。一百多年前有篇地理學術論文指出，生活在不同地理環境的同種族群如何出現極其不同的經濟和社會成果，其內容就是以肯塔基州的社區為例說明。這篇論文提到「坎伯蘭高原（Cumberland Plateau）的丘陵地」，有「單房小屋」以及「與肯塔基州人同樣具有純英國血統的落後人口」。[33]這種模式並非美國特有。

　　根據作家、著名地理學家艾倫‧邱吉爾‧森普爾（Ellen Churchill Semple）的說法，這種「環境的影響」在「世界每個地方、每個種族和每個年齡層」頻頻出現。[34]她自己以及後來其他學者的大量研究都顯示，生活在山地與山麓的人（美國人說的「鄉巴佬」），經濟與社會上的發展往往落於人後。[35]美國偏鄉的中學輟學率高、大學畢業生比例低是社會發展受到忽視的明顯例子。

　　我們從偏鄉持續而嚴重的貧窮所學到的課題，有助於我們釐清導致其他族裔（包括少數族裔）貧窮與落後的因素。如果奇蹟出現，種族歧視得以完全消除，我們也無法絕對確定它產生了多少影響。美國低收入的偏鄉居民可以說處於沒有種族歧視的環境，因為他們幾乎全是白人。然而，他們的所得低於黑人。

反過來說，在一個沒有人相信所有種族歧視都已經消除的世界裡，黑人已婚夫婦的貧窮率理應一直低於全國平均水準，不及白人女戶長單親家庭貧窮率的一半。換句話說，有些行為模式似乎比消除種族歧視更有成效。

對種族歧視的強調有時候甚至可能適得其反。歐巴馬總統（Barack Obama）曾講述他與一名有志成為飛行員的黑人青年的對話。這名年輕人一開始想加入美國空軍，接受飛行員的訓練。但是，他後來發現空軍「永遠不會讓黑人開飛機」。[36] 這段對話發生在二戰期間美國首支全員黑人飛行員的戰鬥機中隊出現後的數十年，而過了幾年，有兩名黑人飛行員成為美國空軍的將軍。[37] 無論是誰向那位年輕人灌輸了那樣的想法，讓他抱有成為飛行員的夢想，卻連試都不試一下——這對他造成的傷害，比種族歧視更為深重。

人陷入貧窮的原因很多，不限於當前流行的說法，例如種族或性別歧視。我們無從直接得知歧視或任何其他因素對特定群體的經濟或其他發展有多少影響，這些影響可能會因時間或條件的不同而異。但是，歷史事實至少可以讓我們別從「奴隸制度遺毒」、「白人優越主義」和「檢討被害人」等洗腦的華麗口號出發，理所當然地驟下結論。

托克維爾在十九世紀初開創了不幸的先例，把南方白人與北方白人之間的差異歸因於南方奴隸制度的存在 [38]，而奧姆斯德 [39] 和赫爾伯 [40] 也都呼應這個觀點。然而事實上，在南方白人的祖先與北方白人的祖先在英國的不同地區生活、也就是在他們接觸奴隸之前，雙方之間就已經有一模一樣的差距。[41] 而我們在二十世紀再次起用這個根基不扎實的假設，並一直沿用至今，試圖以「奴隸制度遺毒」來解釋黑人與白人之間的行為差異。

有很多事情都被歸因於「奴隸制度遺毒」，美國黑人未婚女性生育子女的比例較高便是其中之一。但是，在奴隸制度終結後的一百多年間，大多數的黑人孩童都是由已婚婦女所生，並且在雙親家庭長大。早在 1960 年代莫尼漢就已經警覺到這點：1963 年，23.6％的黑人兒童的生母是單身未婚女性，比例高於 1940 年的 16.8％。[42]

儘管美國黑人的生育率遠高於美國白人，但是白人未婚女性的生育率在 1960 年代也突然陡升，而在此前數十年，這個數字只是 1960 年之後的零頭。[43] 不管是黑人還是白人，這種模式都不是「奴隸制度遺毒」，因為兩個族群的未婚女性生育率都隨著 1960 年代福利國家的大規模擴張而開始上升。這種新模式至今已經持續超過半個世紀。2008 年，美國白人女性未婚生育的比例接近 30%[44]，遠遠超過 1963 年美國黑人曾讓莫尼漢心驚不已的比例水準。[45]

　　二十世紀末，未婚黑人母親生育的比例（68.7%）整體上仍然遠高於未婚白人母親。[46] 但是到了二十一世紀初，教育未滿 12 年的白人母親非婚生育率也追上這個水準，剛好超過 60%。[47]

　　正如其他差異，種族之間的差異不一定是種族上的差異，無論是遺傳因素或種族歧視因素。有些行為模式在不同種族的群體產生類似的結果，因此這些結果的差異可以反映行為差異（無論行為背後的原因如何），但是不隱含基因決定論或社會歧視。放眼國際，二十一世紀有些歐洲國家至少有 40% 的新生兒來自未婚女性，而這些國家並沒有「奴隸制度遺毒」。[48] 不過，這些國家擴大了福利規模。

一個多世紀以前，大法官奧利佛‧霍姆斯（Oliver Wendell Holmes）曾說，口號會「延誤深度分析五十年」。[49] 已經有太多口號延誤分析超過五十年之久，而且還在繼續延誤下去。

基因決定論

二十世紀最初數十年間，進步主義（Progressivism）成為美國知識界與政壇的一股重要新生力量，基因決定論是其核心信念之一，也就是相信有些種族的成就較差是基因較差的緣故。

後來到了二十世紀最後數十年間，對政府的角色、環境保護與法理等其他議題抱持類似觀點的進步主義者，此刻對種族議題卻採取相反的觀點。成就較差的種族因為曾經被視為天生低等，如今和種族歧視的受害者直接畫上等號。雖然結論不同，但是證據的採用以及對相反觀點與反證的忽視情況卻非常相似。

兩派進步主義者在種種議題上都對自己的結論表達絕對的確信，把批評者斥為無知還算客氣，最尖刻的是指責他們糊塗或不誠實。[50] 雖然進步主義是美國運動，不過大西洋彼岸也有類似的觀點和態度打著其他名號大行其道。歐洲的情況也相仿，對種族議題的主流觀點，從二十世紀初到二十世紀末幡然翻轉，並延續到我們這個時代。

▌早期的進步主義

基因決定論並非源自進步派。在更早的時期就有許多人無須科學證據的證實或妝點，自認天生高人一等。

有些人認為自己因為階級或種族、或是具有皇室血統、或是隨便什麼理由而比他人優越。在英國，佛朗西斯‧高爾頓爵士（Sir Francis Galton，1822–1911）根據許多傑出成就都集中在特定家族的事實，寫下了《遺傳天才》（*Hereditary Genius*）這本著作。如果其他家族曾經擁有類似的機會，這個結論或許會更有分量，可惜這種條件在當時難以成立，至於現今能有多常符合，也未可知。

第一次世界大戰期間有項美國陸軍士兵的心理測驗成了現成的重要實證證據。這項心理測驗的樣本數超過十萬個，測驗結果顯示，黑人士兵的整體分數低於白人士兵，被當成證明基因決定論是事實的鐵證。[51] 然而，如果深入探究這項陸軍心理測驗的細項數據就會發現，俄亥俄州、伊利諾州、紐約州和賓州的黑人士兵，得分高於喬治亞州、阿肯色州、肯塔基州和密西西比州的白人士兵。[52]

若說測試分數在種族之間的整體差異來自基因，但人的基因並不會在越過州界時改變。不過，有些州確實有比其他州更為優良的學府。

在那個時代，一個人就算沒那麼見多識廣，也很難不知道南方在種族之間其他所有條件並非均等，因為那個時代的南方政治家高分貝地宣揚他們維持條件不均等的決心。這個問題不只是因為當政者不願意給予黑人學校與白人學校均等的經費。遠在南北戰爭結束之際，有數千名來自北方的白人志工進入南方，為得到解放之黑奴的孩子從事教育工作，而南方白人不但排擠這些教師（大部分是年輕女性），甚至還騷擾、威脅這些北方人。[53]

在那個時代，許多南方白人不希望黑人接受教育，南方各州政府的教育政策就反映出這種態度。[54] 約翰・洛克菲勒（John D. Rockefeller）、安德魯・卡內基（Andrew Carnegie）以及朱利葉斯・羅森沃德（Julius Rosenwald）等富有的白人慈善家捐款為南方黑人兒童創辦學校時 [55]，喬治亞州通過立法規定，學校的捐款人種族不同於學校學生的種族時，捐款必須課稅。[56]

那個時代基因決定論者所做的結論，以及後來的進步主義者所得出的相反結論，最根本的問題在於他們採用實證證據的方法。兩個時代的進步主義者早就先有定見，並在發現看似符合他們所抱持定見的數據時就結束證據的檢驗。這種程度的驗證拿來當閒談嗑牙的話題或許還行，但是，如果驗證的目標是找出真相，那麼就得繼續鑽研下去，檢視是否有其他數據與最初的信念有所衝突。

抱持相反觀點的人通常會熱切提供反證，所以困難的不是尋找反證，而是這種反證是否會被檢視。例如，除了第一次世界大戰期間來自某些州的士兵，二十世紀是否還有其他白人群體的智力測驗成績與黑人一樣低，或者低於黑人？結果還真的有。其中包括居住在美國部分山地和山麓的白人。[57]

此外，還有蘇格蘭外海赫布里底群島（Hebrides）的白人[58]，以及英國運河船屋的白人，這些白人的智商測驗分數與美國黑人相似。[59] 他們的共同點是處境孤立，無論是地理位置的孤立，還是社會關係的孤立。這種與更廣大社會的社交孤立在美國黑人中也很常見。

儘管一戰期間美國陸軍的黑人得分略低於各個剛抵達的歐洲移民群體，但是居住在北部地區的黑人，心理測驗分數通常略高於這些移民群體或是相等。1923 年有一項智商調查，調查的移民包括義大利裔美國兒童。[60] 1926 年一項針對美國斯洛伐克人、希臘人、西班牙人和葡萄牙人的智商調查也發現類似的結果。[61] 在這個時期，大多數歐洲移民都定居在南方以外的地區，而南方以外的黑人平均智商高於居住在南方的黑人。[62]

生活在偏僻山地和山麓的白人不但貧窮，而且無論是與外界、與同一山區及山麓的其他聚落都相當隔絕，因此這個群體特別明顯。我們已經看到，二十一世紀阿帕拉契各郡的所得低到多麼驚人。[63] 早在 1929 年就有人研究過藍嶺山脈（注：Blue Ridge Mountain，位於美國東南部，阿帕拉契山脈的東段）地區兒童的智商，結果與黑人的智商相當——全國黑人的平均智商為 85。藍嶺山脈地區各聚落的白人兒童平均智商從最高的 83.9 到最低的 61.2 不等，具體分數因採用的智商測驗項目而異。[64]

1930 年田納西州東部山區學校的白人兒童平均智商為 82.4。這些白人山區兒童與智商相仿的黑人兒童一樣，年幼時智商較高（六歲時為 94.68，十六歲時下降到 73.50）。[65] 十年後，也就是 1940 年，當地的環境和學校環境都已經大幅改善，同社區（顯然許多樣本也是同家庭）的孩子平均智商為 92.22 [66]；這時，六歲時的平均智商為 102.56，十六歲時下降至 80.00。[67]

顯然，智商低於平均並非種族使然，但在 1940 年之前，他們的智商至少遠低於全國平均數 100，一如黑人兒童的智商。這些結果似乎呼應了地理學家森普爾 1911 年所言——人類的進步在山麓「放慢步伐」，在山地「停下腳步」。[68] 其他對世界各地偏僻山地和山麓社區生活的研究也顯示貧困和人類發展落後的類似形態。[69]

後來出現了更多基因決定論的反證。1976 年的一項研究顯示，白人家庭撫養的黑人孤兒，平均智商比其他黑人孩子高出一大截，也略高於全國平均水準。[71] 二十世紀初第一位知名的黑人科學家喬治・華盛頓・卡佛（George Washington Carver）正好就是由白人家庭撫養的孤兒。[71]

　　二十世紀初的基因決定論絕對不是純屬美國黑白種族之間的議題。當時黑人在基因上位居次等的論調已被普遍認定，以至於那個時代大多數基因決定論的文獻都以東歐人與南歐人的基因次於西歐人和北歐人的論證為焦點。這是那個時代的重大問題，因為從十九世紀的最後二十年開始，來自歐洲的移民已經從早期以西歐和北歐為主轉變為以東歐和南歐為主。

　　東歐猶太人也在這一大批新移民當中。那個時代頂尖的心理測驗權威、學術性向測驗（Scholastic Aptitude Test，SAT）創始者卡爾・布萊漢（Carl Brigham）表示，陸軍心理測驗結果通常「否定猶太人高智商這個普遍的看法」。[72] 另一位心理測驗權威戈達德（H. H. Goddard）在愛利斯島（注：Ellis Island，位於自由女神像所在的自由島附近，曾為移民管理局的所在地，移民須在此做體檢與接受審問，才能踏上美國的土地）移民收容機構對東歐與南歐移民的孩童進行測驗，並宣告「這些人無法理解抽象觀念」。[73]

當時著名經濟學家佛蘭西斯・沃克（Francis A. Walker）把來自東歐和南歐的移民描述為「來自失敗種族的失敗者」[74]——「歐洲化外而無文的人口群」，出身自「長年沒有激發任何智識生活」之地。[75]

美國經濟學會（American Economic Association）要員、美國社會學會（American Sociological Association）會長愛德華・羅斯（Edward A. Ross）教授創造了「種族自殺」（race suicide）一詞來描述美國人口的前景：東歐與南歐來的人口隨著時間推進，逐漸取代西歐與北歐來的人口，成為主流。[76] 他稱這些新移民為「像牛一樣的人」，是落後民族的後代，外表正是「次等品的宣告」。[77]

羅斯教授為醫學進步普及所帶來「意想不到的結果」而悲嘆，也就是「無知、愚蠢、粗心和赤貧者擁有了光明的存活前景」。[78]

羅斯的著作不下二十五本，風行一時。[79] 其中一本書的前言收錄了一封來自老羅斯福總統（Theodore Roosevelt）的讚美信。[80] 後來成為哈佛大學法學院院長的羅斯科・龐德（Roscoe Pound）也是羅斯教授的學術界同僚，他稱讚羅斯教授讓他「走在世界前進的道路上」[81]。龐德倡議司法行動主義、讓政府擺脫憲法的限制，並讓法官為促進進步主義扮演更寬廣的角色，他在漫長職涯當中深具影響力的著述，在在彰顯這種使命感以及認定「歷史站在我們這一邊」的假設。[82]

二十世紀初基因決定論運動的領袖人物非但不是教育程度低落的下層階級之輩，也不乏那個時代大西洋兩岸的部分飽學之士。

其中包括美國經濟學會[83]、美國社會學會[84]等學術組織的創辦人，史丹佛大學校長與麻省理工學院校長[85]，以及美國頂尖大學的知名教授。[86]。在英國，凱因斯（John Maynard Keynes）是劍橋大學優生學會發起人之一。[87]這些知識分子在英美兩國多半屬於政治左派。[88]不過也有一些保守派，包括邱吉爾（Winston Churchill）和張伯倫（Neville Chamberlain）。[89]

美國各地大學院校開設的優生學課程多達數百門，

就像今日全國大學院校的校園也有類似的意識形態課程，在種族議題倡議截然不同的觀念一樣；不過那種使命感非常類似，對於意識形態或使命有異於己的人所表現的不寬容也如出一轍。[90]

「優生學」是高爾頓爵士所創的術語，用以描述減少或阻止被認為基因較差的人的生存的計劃。他曾道：「現在有一種反對次等種族逐漸滅絕的情緒，而這種情緒絕大部分相當不可理喻。」[91] 美國經濟學會的創始人理查・伊利（Richard T. Ely）教授論及他所認為基因次等的人時說：「對於在我們的社會進步之路上落後而最無望的階層，我們必須以盡可能最高的發展給予監護，實施性別隔離和監禁以達到絕育。」[92]

其他當代的傑出學者也表達非常近似的觀點。美國當時著名的貨幣經濟學家、耶魯大學教授歐文・費雪（Irving Fisher）主張，透過「隔離於公共機構，在某些情況下動外科手術」防止「最低下人口的繁衍」。[93] 哥倫比亞大學教授亨利・席格（Henry Rogers Seager）同樣表示，「我們必須勇敢切斷已證明為不理想的遺傳脈系」，就算要「隔離或絕育」也在所不惜。[94]

哈佛大學著名經濟學教授法蘭克・陶西格（Frank Taussig）談到他認為低等的一些族群時表示，如果不能「對他們使用氯仿，一勞永逸」，那麼「至少可以把他們隔離起來，關在避難所和庇護所，阻止他們繁殖。」[95]

當時的頂尖學者可以隨意自在地主張對沒有犯罪的人實施終身監禁，並剝奪正常生活，這對我們來說無異是一記當頭棒喝，體悟到一個觀念或願景成為令人一頭熱的教條、以至於凌駕一切時會發生什麼事。麥迪遜・格蘭特（Madison Grant）在當時廣為閱讀的《偉大種族的消逝》（*The Passing of the Great Race*）中宣稱，「種族是現代社會一切表現形式的基礎」[96]，並在「相信人類生命具有神聖性的感性信仰」被用於「防止缺陷嬰兒的消除，阻止毫無社會價值的成年人絕育」表示遺憾。[97]

這本書被翻譯成其他語言，包括德文，希特勒（Adolf Hitler）則將那本書奉為他的「聖經」。[98]

二十世紀初的進步主義者絕對不是納粹分子。他們為倡議各式各樣的社會改善政策而自豪，而這些政策與二十世紀後期、以及一直到我們這個時代的其他進步主義者所倡導的政策非常類似。

例如，著名經濟學家伊利摒棄自由市場經濟學，是因為他視政府為一股力量，可以用於「改善人民的生活或工作條件」。他根本沒有把政府的權力視為自由的威脅，他表示：「國家權力對種種產業與人際社會關係的規範是自由的條件之一。」[99] 他贊成市營公共事業、高速公路和鐵路「公有化」，並宣告「應依法鼓勵工會致力縮短工時、提高工資」，還有「應普遍擴張遺產稅和所得稅」。[100] 對他來說，優生學只是他希望政府提供的社會福利之一。

　　伊利教授顯然是左派，他被稱為「制度經濟學之父」[101]——制度經濟學（institutional economics）是經濟學一支，長期以來以反對自由市場經濟而聞名。威斯康辛大學頂尖制度經濟學家約翰·康芒斯（John R. Commons）也是伊利的門生。康芒斯教授排拒自由市場競爭，理由是「競爭不禮遇優越的種族」，因此「最不必要的種族起而取代其他種族」。[102]

　　具有代表性的美國進步派總統威爾遜（Woodrow Wilson）也是伊利的門生。[103] 威爾遜總統也認為種族有高低之分。他同意前任總統麥金利（William McKinley）

併吞波多黎各，談到被吞併國，他說：「在政府和司法的深層事務上，他們是小孩，我們是大人。」[104] 威爾森自己的政府對華府聯邦機構的黑人員工實行種族隔離[105]，並在白宮向受邀來賓放映頌揚三K黨的電影《一個國家的誕生》（*Birth of A Nation*）。[106]

威爾遜與他同時代以及後來的進步派一樣，認為政府權力擴張不會對自由構成任何威脅——無論是他在自己執政期間成立新的聯邦機構，像是聯邦貿易委員會（Federal Trade Commission）和聯邦準備制度（Federal Reserve System）[107]，還是藉由任命聯邦法官，讓他們透過「解釋」憲法，鬆綁威爾遜總統認為對政府權力過度限制的規定。[108]

威爾遜在《新自由》（*The New Freedom*）一書武斷地把政府福利定義成自由的一種新形式，言詞巧妙地打發掉政府權力擴張對人民自由構成威脅的擔憂。[109] 其後一直到二十一世紀，這種對自由的重新定義持續存在於為福利國家權力擴張辯護的各方支持者之間。[110]

早期進步時代除了倡議優生學、政治立場明顯傾左的其他著名學者，也包括前文所提到、公認為美國社會學這個專業領域的開創者羅斯教授。羅斯教授以「吾輩自由主義者」指稱那些「為維護公共利益」而勇於發聲、「對抗強大自私個人利益」的人，還把那些不同意他觀點的人貶斥為不值得「留存」的特殊利益代言人，是與「吾人社會福利擁護者」形成鮮明對比的「傭兵軍團」。[111]

至少在他們自己的心目中，這些二十世紀早期的進步主義者是在倡導社會正義（social justice）——龐德正是使用這個詞彙。[112] 羅斯質疑別人的真誠，他自己的真誠卻無庸置疑。人斷定自己高人一等時可謂是十足真誠。

著作被希特勒奉為「聖經」的格蘭特也是二十世紀初堅定的進步主義者。他雖然不是學術界的學者，卻也不是無知的鄉下人。他出身紐約的富貴人家，曾在耶魯大學和哥倫比亞大學法學院接受教育。他實踐進步主義的理念不遺餘力，像是保護區、保存瀕危物種、市政改革與創立國家公園等。[113] 他受邀加入老羅斯福總統成立的私人社交俱樂部[114]，在 1920 年代與小羅斯福總統（Franklin Delano Roosevelt）通信交好，信中稱呼小羅斯福總統為「我親愛的法蘭克」，小羅斯福則以「我親愛的麥迪遜」稱之。[115]

簡而言之，二十世紀初與後來一直延續到現代的進步主義者，兩者的共同點不只是擁有一樣的名號。關於經濟與社會成就的種族差異的原因，雖然這些不同世代的進步派人士得出相反的結論，但他們對政府整體的角色，特別是法官的角色，觀點卻極為近似。他們處理實證證據的方法也相當類似。兩者對於與自己信仰有衝突的反證或結論，多半都不為所動。

　　進步主義者因應這項美國二十世紀初的重大問題時（即來自東歐和南歐的移民自 1880 年代開始大量增加），他們除了宣稱這一代移民的生產力不如前幾代的西歐人和北歐人，他們還主張，東歐人與南歐人在基因上低人一等，因為是天生使然，無論是過去還是未來，都不會改變。

　　諷刺的是，這些歐洲人共有的西方文明，發源地正是數千年前的南歐，尤其是東地中海的古希臘。基因決定論者書寫用的文字正是羅馬人在南歐創造的字母。遙望遠古時期，南歐人才是更進步的群體。在古羅馬帝國時期，西塞羅（Cicero）曾警告羅馬同胞不要買進不列顛奴隸，因為他們太難教。[116] 試想，一個來自古不列顛不識字的部落居民被綁到像古羅馬那樣高度複雜而精緻的文明世界，想必很難溫馴受教。

至於在愛利斯島接受測驗的南歐和東歐移民孩童「無法理解抽象觀念」的說法，難以做為這些地區的人在遺傳上不具抽象能力的證據。[117]古希臘人不只學習數學。他們是數學的創造者：歐幾里得（Euclid）發明了幾何學，畢達哥拉斯（Pythagoras）則是三角學。

我們無須相信東南歐的古希臘人具某種生物學的優勢。龐茲（N. J. G. Pounds）教授所撰寫的一系列歐洲社會經濟發展史的地理學論文，對於西方文明最早的發展地為何位於歐洲東南隅，提出截然不同的解釋：

> 人類物質文化的重大進步，諸如農業和冶金，大部分都成於中東，經巴爾幹半島流入歐洲，再從此地開始向西北流傳到中歐，然後擴及西歐。[118]

有記錄的數千年人類歷史裡，引領人類各種根本進步的世界領導者一再更迭。在二十世紀初期，西歐和北歐有些方面比東歐和南歐更先進，但是基因決定論者不能主張這種關係在過去和未來恆真。

在世界各國的各個種族當中，心理測驗分數低的群體通常在抽象問題的分數最低。[119] 這沒什麼好驚訝的，因為抽象概念在所有人的生活中都不重要，特別是低所得的勞工階級，而在愛利斯島接受測驗的那些南歐和東歐移民，就是以這類人為大宗。

古希臘菁英的故事就大異其趣，他們的成就不只是數學，還有哲學、文學和建築。數千年後，古希臘人在雅典衛城所建造的宏偉建築，成為許多國家指標建築的範本。美國國會山莊與對街的最高法院大樓就是實例，任何看過華盛頓特區林肯紀念堂與古雅典帕德嫩神廟的人，都很難不注意到兩者有多相似。古希臘人所創作的精緻人類雕像與半身像，至今仍然在各國的博物館裡供人仰望，讚嘆不已。

對照之下，與古希臘人同時代的古不列顛人建築的原始結構與粗糙的人像創作就沒有激發這種讚嘆或模仿。蘇格拉底（Socrates）、柏拉圖（Plato）、亞里斯多德（Aristotle）、歐幾里得與畢達哥拉斯等古希臘思想家的名字至今仍然能引起共鳴。反之，那些古老時代的不列顛人，沒有一個人的名字出現在歷史的書頁上。[120]

然而，在西元十八、十九世紀，英國人引領世界進入工業革命。此外，在工業革命之前的幾個世紀，英國人的科學突破——包括身為微積分開創者之一的牛頓（Isaac Newton）的科學成就，讓十九世紀與英國同時代的希臘人所取得的任何成就都相形見絀。十九世紀的大英帝國統治地球四分之一的陸地面積與四分之一的人類。一位二十世紀的義大利作家曾這麼問道：「一個邊緣島嶼起初是怎麼爬出原始的泥淖、起身統治世界？」[121]

歐洲不同地區的人顯然在不同的世紀更進步，這些無可爭辯的歷史事實都有違基因決定論。數千年來，這種極端變化顯示，在迥異的歷史時代存在著大規模互有的不均等。

今日或許會有一些抱持不批判哲學的人拒絕表態希臘人還是英國人的能力更為優越。不過，這只是在言詞上迴避一個清楚明白的現實：每個族群都有其能力比其他族群更優越的時代。這種相對能力隨著時代更迭反轉，令人質疑這些能力的差異原因是否源自基因。

不同族群的特定能力在不同時代、不同地點存有巨大差異，誠實承認這個事實並不是向基因決定論屈服。

不同歐洲人群體之間的比較並不是基因論唯一的反證。一千年前，中國人在許多方面都比歐洲人先進。[122] 但是幾個世紀之後，地位翻轉了——沒有證據顯示中國或歐洲人的基因組成出現變化。

此外，同一種族裡的不同群體之間也存在同樣龐大的差異。舉例來說，1994 年，數百萬海外華人創造的財富與中國十億人民創造的財富一樣多。[123] 在這個例子裡，雖然種族一樣，人均財富產出卻截然不同。當今的美國也有類似的情況，全國最貧窮的幾個郡，人口絕大多數是白人，家庭所得中位數低於美國黑人家庭。[124] 沒有人到那些郡行剝削之事，而是那些郡民的產出就是沒那麼多。

早期進步時代的基因決定論者對現成可得證據的取樣極為狹隘。眾所周知，古希臘、古羅馬的歷史是西方文明的起源，在古代遙遙領先歐洲其他地區。無論歐洲各個地區在進步時代的相對地位如何，把他們當時的地位視為由基因所決定，就代表這些地位在未來和過去都恆常成立。但是，過去現成可得的證據卻顯示事實並非如此。

就算是早期進步時代所採用純屬當代的證據也並非沒有模稜兩可之處。陸軍心理測驗有一部分的問題，答題者需要知道剛玉（注：sapphire，即俗稱的藍寶石）的顏色、康乃爾大學的位置、諾伊斯（注：Alfred Noyes，英國詩人）是誰、皮爾斯－箭頭（Pierce Arrow）車廠所在城市等資訊，才能正確解答。[125] 美國黑人或剛來到美國的新移民為什麼理應知悉諸如此類的資訊，這種期望令人不解。這些資訊為什麼會被視為衡量任何人先天智力的標準，更是匪夷所思。

　　陸軍心理測驗不是所有的問題都這麼讓人疑慮。但是，即使回答那些更合理的問題沒有達到一般水準的人，他的監禁或自由居然取決於是否知道如此瑣碎的資訊，似乎很荒唐。

　　1923 年，心理測驗先驅布萊漢斷言，陸軍心理測驗可以做為對「心理能力」具有「科學依據」的「盤點」工具。[126] 在沒有科學的程序或精確度下引用「科學」一詞，這不是第一次，也不是最後一次。不過布萊漢是少數後來宣布改變立場的人之一。他在遲來的告白中指出，1930 年撰文的當下，許多接受陸軍測驗的男性移民在不是以英語為母語的家庭成長。他坦誠宣告之前的結論——用他自己的話來說,「站不住腳」。[127]

今日抱持相反信念的堅信者,日後有多少人能夠追隨布萊漢的腳步,只有未來才有答案。

隨著時間推移,愈來愈多證據推翻了進步時代基因決定論者的結論。例如,在 1917 年陸軍心理測驗得分較低的猶太人,在各項智力測驗與大學入學測驗的得分開始高於全國平均,因為他們成為更常使用英語的群體。[128] 除此之外,還有其他證據(像是白人家庭撫養的黑人孤兒的智商)也都在鬆動基因決定論的核心前提——它假設有些種族的出生率若較高,日積月累下來會導致國民智商下降,並據此敦促採取嚴厲措施,防止這些種族繁衍。[129]

旅居紐西蘭的美國教授詹姆斯‧弗林(James R. Flynn)後來的研究給這個論點決定性的一擊。他的研究顯示,在全世界的二十多個國家,一或兩代的智商測驗平均成績都有大幅提高之勢,差距達一個標準差或更多。[130]

這個趨勢在弗林教授的研究揭露之前就已持續多年。在他之前,這個趨勢之所以在他人眼中不明顯,是因為智商測驗結果為了把回答正確平均題數保持在 100

的定義水準而反覆重整。[131] 多年下來，智商測驗有愈來愈多受測者的正確答題數變多，現今智商 100 所代表的回答正確題數也多於過去。由於弗林教授是直接採用智商測驗的原始分數，智商測驗成績的升勢才得以浮現。[132]

例如，儘管黑人平均智商值多年來一直保持在 85 上下，此穩定性卻掩蓋了一個事實：黑人與其他人種一樣，智商測驗回答正確的題數都比過去多。如果按照 1947–1948 年度所採用的標準，2002 年黑人在智商測驗的平均正確題數所對應的智商值為 104。這個分數略高於早期美國人的平均成績。[133]

簡單來說，隨著時間過去，黑人的智商測驗成績顯著提高，一如美國其他群體與其他國家的人民，只不過這些變化被智商測驗的重整所掩蓋。查爾斯・默瑞（Charles Murray）2021 年發布的數據顯示，黑人的平均智商值現在是 91，高於早期的 85。[134] 這表示，黑人智商測驗成績的進步速度不只跟上其他族群，甚至進步了更多。

弗林教授的研究所造成的衝擊，在於摧毀二十世紀早期進步時代基因決定論者做結論背後的核心推論：他們假設低智商人口無法達到當時的平均智力水準，因此阻止那些人繁衍有其迫切的必要性。根據他們的假設，整個國家的智力會隨著時間下降。但是，即使我們為了辯論而假設智商測驗結果是衡量智力的完美標準，事實證據卻顯示，多個國家的受測者在後來幾年智商測驗的正確題數變多，而非減少。

二十世紀早期進步主義的基因決定論還隱含另一個觀點，就是有些群體的智力有由基因決定的天花板，因此阻止這些人生育後代是當務之急。一直到 1944 年才有岡納・米爾達（Gunnar Myrdal）在他開創性的著作《美國困境》（*An American Dilemma*）提到，當時美國白人普遍相信黑人智力的天花板比較低。[135]

然而，才過了一代，就連研究基因對智商影響的學術泰斗、加州大學柏克萊分校的亞瑟・詹森（Arthur R. Jensen）教授也否定了智商天花板的結論，並且問道：「發現有黑人兒童智商 115 或更高，或是他們集中在洛杉磯富裕的綜合社區時，為什麼有人會對此感到驚訝？」[136]

早期進步時代基因決定論者對智力低天花板的隱含假設現在已經不存在，而原本預期下降的智商測驗成績，則有後來世代普遍上升的成績做為有力的反證，一如弗林教授的研究發現。[137] 那個時代是人類歷史上的一章，幸虧現在已經翻頁，儘管之前那曾被拿來當做種族滅絕的理由。它對我們這個時代的意義是對不寬容的意識形態狂奔的迫切警告，即使這些狂奔的帶頭者是頂尖的學者和知識分子，並藉由各種機構傳播。

晚近的進步主義

從二十世紀的最後數十年到進入二十一世紀，近代的進步主義者用種族歧視取代基因，逕自用來解釋經濟與社會成就的群體差異。社會各個群體在各個機構與各個領域的人口代表性是新的社會正義議程，而當 SAT 和 ACT 大學入學測驗的結果與此相衝突時，曾經被譽為「科學」的具體展現、據稱是基因決定論鐵證的心理測驗，現在自動被斥為有偏見。

在這個進步主義的新時代，黑人與白人在任何領域的統計差異，通常都足以做出「原因出在種族歧視」的結論。在相同的領域，通常也會有亞裔美國人的統計數據，但這些數據幾乎總是遭到忽略，不只是媒體，甚至菁英大學學者亦然。這些數據通常能對當今進步主義者所得出的結論構成嚴重的挑戰。

以就業市場為例，大家常說經濟低迷時，黑人往往「最後一個錄取、第一個被炒」。經濟衰退期間，黑人員工或許真的會比白人員工更快遭到解僱，解聘人數也有可能更多。但數據也顯示，白人員工往往比亞裔美國人更先被解僱。[138] 這能夠歸因於雇主（通常是白人）對白人的種族歧視嗎？符合我們原有定見的統計數據，我們就採納當做證據，違背的就不予採納，是這樣子嗎？

還是說，有人乾脆忽略有違他們的觀點或謀劃的事實，幫我們省了這個麻煩？

二十一世紀初期，房地產的榮景和蕭條引發美國經濟危機，民眾普遍認為，背後的主要因素之一，在於銀行與其他貸款機構對申請抵押貸款的黑人有嚴重的種族歧視。多個不同來源的統計數據顯示，雖然申請傳統抵押貸款的黑人和白人大多數都通過審核，但是同樣的貸款，黑人申請者被拒絕的比例高於白人。幾乎被普遍忽略的統計數據是，同樣的貸款，白人比亞裔人士更常被拒絕。[139]

個中原因沒有什麼奧祕難解之處。白人的平均信用評等高於黑人，而亞裔美國人的平均信用評等又高於白人。[140] 這也不是唯一一個與經濟相關的差異。[141]

然而，媒體、學界與政界都憤怒地大聲疾呼，要求政府應該「做點事」，解決銀行和其他抵押貸款機構的種族歧視。於是，政府就做了很多事情來回應，最後的結果就是迫使抵押貸款機構降低貸款標準。[142] 抵押貸款的風險因此變得危如累卵，以至於許多人（包括本書作者在內）都提出警告，房地產市場可能「像紙牌屋一樣崩垮」。[143] 一旦房市崩盤，整個經濟也將隨之崩潰。[144] 低所得黑人也是其中的受害者。

在討論就業市場的召募和解雇時所提出的那些問題，也可以套用於抵押貸款的審核形態。白人主宰的抵押貸款機構是否歧視白人申請者？如果看似不太可能，那麼黑人掌控的銀行也不太可能歧視黑人抵押貸款申請者。然而，黑人申請抵押貸款被一家黑人掌控的銀行拒絕的比例也比較高。[145]

公立學校學生的懲戒也是同樣的道理。統計資料顯示，黑人男性比白人男性更容易因行為不當而受到懲戒。由於世人普遍先入為主地認定不同群體本身的行為不可能有所不同，這個議題自然成為種族歧視的案例——而且是名副其實的聯邦層級事務。美國教育部和司法部發表聯合聲明警示公立學校人員，當局希望他們認定為有種族歧視情事的模式就此消失。[146]

艾碧蓋兒‧瑟恩斯特羅姆（Abigail Thernstrom）與史蒂芬‧瑟恩斯特羅姆（Stephan Thernstrom）合著的《零藉口：縮減學習的種族差距》（*No Excuses: Closing the Racial Gap in Learning*），是具有里程碑意義的美國教育研究。書中的統計數據顯示，黑人學生受到懲戒的次數是白人學生的兩倍半，而白人學生受到懲戒的次數又是亞洲學生的兩倍。[147] 以白人為主的教師對白人學生有偏見嗎？對黑人學生的懲戒也與事涉的教師是黑人還是白人無關。[148]

就算我們可以按種族分析這些統計數據，也不一定表示雇主、貸款人或教師是根據種族做出決定。如果黑人、白人與亞裔員工的工作配置不同，或是同一職業不同職級的分布不同，那麼在經濟衰退期間對工作類型或績效的取捨決定，就會造成我們所看到的種族差異。

決定抵押貸款申請審核結果的銀行承辦人員不太可能親自見過申請者。真正與申請者本人面談的人比較有可能是基層銀行員工。這些第一線人員再把所得與其他資料（包括個人信用評等）傳送給上級審核，由上級批准或拒絕。在公立學校，教師顯然會看到他們舉報不當行為的學生，但是事實上黑人和白人教師也做類似的舉報，也就是說，種族不太可能成為這裡的關鍵因素。

關於種族問題，美國歷史上，大眾跨越種族界線達成最大共識的時刻，也許就是 1963 年馬丁‧路德‧金恩（Martin Luther King）博士在林肯紀念堂發表那場歷史性的演說。他說，他的夢想是全世界的人「不會根據膚色評斷他人，而是根據品格內涵」。[149] 他所傳達的訊息是，無論種族，人人應享有機會均等（equal opportunity）。但是在後續年間，這項方針及其所凝聚的廣泛共識開始受到侵蝕。它的目標從人無論種族如何都機會均等，轉變為人無論種族、性別或其他分類如何，都享有成果均等。

社會正義現在躍居主流社會議程，其中包括當前成果的均等化，以及對過去的補償。這項新議程取材自歷史，或是以歷史形式呈現的迷思，還有以事實形式呈現的主張——後者的精神讓人想起基因決定論時代對證據的確信與輕忽。

第3章
棋子悖論

　　許多社會正義文獻中，包括約翰・羅爾斯（John Rawls）教授的經典著作《正義論》（*A Theory of Justice*），眾人根據道德立場的合宜性建議各種政策，但往往很少、或根本不關注這些政策實務上是否可行、能否產生想要的最終成果。例如，羅爾斯在許多地方提到「社會」應該「安排」的事物，但並沒有具體說明安排的中介工具或可行性。[1]

　　很難想像除了政府，還有什麼機構能夠承擔如此重任。但是，這又會回過頭來引發世人質疑把更多權力放到執政者手中的危險。那些危險不容「安排」這個聽起來純真無邪的字眼所掩蓋。室內裝潢師的擺設是「安排」（arrange），政府的擺設是「規定」（compel）——兩者之間的差異絕對稱不上細微。

政府必須強制執行一些規定，從交通法到反謀殺法，應有盡有。但是這並不表示，為了實現任何看似合宜的事物而擴大政府的強制力時，不需考量任何危險。那可能代表為了某個有影響力的人口群體所熱衷的聖戰，而摧毀每個人的自由。

羅爾斯的這個觀點絕非他一人獨有，甚至不是現代才出現，十八世紀就已經有人具備類似的思想。亞當・斯密便提出反對，也對教條主義理論家的自以為是不以為然——套用他的話來說，這些「制度人……似乎想像他們可以像在棋盤上擺設棋子一樣動動手指頭，就能輕鬆安排廣大社會裡的各個成員。」[2]

亞當・斯密針對「合宜性的高估」以及對「可行性的忽視」所做出的批評，今日仍是社會正義願景基本謬誤的一個要素。它所隱含的意義擴及各種議題，從財富的重分配到所得統計數據的解釋，無一不及。

無論規模是中等還是全面，財富的沒收與重分配是社會正義議程的核心。雖然社會正義的倡議者強調他們眼中的政策合宜性，但是這些政策的可行性所受到的關注卻少得多，而嘗試和失敗的後果通常也幾乎沒人在乎。

毫無疑問，政府、甚至是市井盜賊，或多或少都能夠重新分配財富。不過，嘗試更全面、長久的沒收與重分配政策的實際結果，究竟是成就還是危害，才是更大的議題。道德問題暫且不論，這些最終都是事實面（factual）的問題，必須在實證證據的領域尋找答案，而不是在理論或修辭裡。

財富的重分配

儘管「富人」財富的沒收與重分配政治上看起來很有吸引力，但實際上能實踐多少，取決於「富人」有多麼像棋盤上的棋子般任人擺布而不會有任何反應。如果「富人」能預見重分配政策並做出反應，政策的實際成果可能將迥異於預期。

在絕對君主制度或極權獨裁的國家中，政府可以毫無預警地突擊，對經常被當做沒收對象的「百萬、億萬富翁」實施大規模的財富沒收。但是，在民選政府國家，沒收性課稅或其他形式的沒收規定在付諸法律落實之前，必須經過公開提案，隨著時間過去向選民爭取足夠的政治支持。如果那些「百萬、億萬富翁」對所有動靜不是漠不關心，就很難對即將臨頭的沒收和重分配政策全然無所知覺。我們也不能假設他們會像綿羊一樣，乖乖等著被剃毛。

當「富人」預警到財富將會被大規模沒收之際，他們可以選擇的其他出路，最明顯的有：（一）把財富投資於免稅的有價證券；（二）把財富移出稅收管轄地；或是（三）自己離開稅收管轄地。

在美國，稅收管轄地可能是城市、州或聯邦政府。各種避稅方式都可能會為「富人」帶來一些成本，如果他們的財富形式是不可移動的資產，像是鋼鐵廠或連鎖商店時，或許也難逃沒收的劫運。但是，如果是當今全世界各地全球化經濟體裡的流動資產，那麼他們只要點幾下滑鼠，大量的資金就能透過電子的方式，從一個國家轉移至另一個國家。

也就是說，在某個司法管轄區提高「富人」稅率的實際結果是一個事實面的問題。結果不一定可預測，潛在後果可能會、也可能不會讓沒收計劃可行。提高稅率

X％無法保證稅收增加 X％──結果甚至可能完全沒有增加。當我們從理論和辭令轉向著眼於史實,就可以檢驗社會正義願景外顯與內隱的假設。

▋ 歷史

十八世紀時,英國對美洲殖民地課徵新稅是一系列事件的引爆關鍵,而這一連串的事件最終的結局是殖民地宣布獨立,成為美利堅合眾國。艾德蒙‧柏克(Edmund Burke)當時在英國國會指出:「你的計劃沒有收到一毛錢;只帶來了不滿、混亂、不服從⋯⋯」[3]

美國人不是大英帝國棋盤上任其擺布的棋子。美國的獨立不只剝奪了英國在美洲殖民地新開徵的稅收,也剝奪了原本已經開徵的其他稅收。官方稅率提高導致實際稅收減少,這絕對不是唯一的一次。

▋ 稅率與稅收

幾個世紀之後,美國也上演了類似的稅收管轄區大出逃。例如，馬里蘭州對年所得達 100 萬美元的州民提高稅率，預期可以增加超過 1 億美元的稅收。但是到了 2008 年，新稅率開始生效時，這個課稅所得級距的州民人數已經從接近 8,000 人減少至不到 6,000 人。稅收不但沒有一如預計增加超過 1 億美元，實際上反而減少了 2 億多美元。[4]

無獨有偶，2009 年奧瑞岡州提高了年所得達 25 萬美元居民的所得稅稅率，最後所得稅收也是不升反降。[5] 美國人仍然不是任憑擺布的棋子。

然而，不是只有美國人才會這樣。當其他國家大幅提高（甚至只是威脅提高）高所得者的稅率，期待藉此增加稅收時，政策有沒有效果不知道，納稅人倒也是會做出同樣的避稅行為。例如，英國在推動這類計劃之際，《華爾街日報》（*Wall Street Journal*）就報導道：

在英國計劃把最高個人稅率提高到 51% 之後，有一批避險基金經理人與其他金融服務專業人士正在撤離英國……律師估計，過去一年轉移到瑞士的避險基金規模已經接近 150 億美元，未來可能還會有更多避險基金跟進。[6]

反過來說，稅率降低，稅收也不一定會減少。無論是哪一種情況，人都不是沒有反應的棋子。就像高稅率會驅離個人、企業和投資一樣，低稅率也會吸引這些單位。1991 年至 2001 年間，冰島的企業稅率從 45％逐漸降低到 18％，稅收也隨之增加了兩倍。[7]

　　在美國，免稅的有價證券是高所得者顯而易見的避稅途徑。聯邦所得稅率在威爾遜總統執政期間大幅上升，結果應稅所得達到 30 萬美元的申報人數從超過一千人（1916 年）降到不足三百人（1921 年）。聯邦所得稅最高稅率在 1920 年時是 73％，到了 1928 年降到 25％[8]，而自 1920 年至 1928 年期間，所得稅收不但總額增加，年所得達 100 萬美元人口對稅收的貢獻比例也增加了，從 1920 年的不到 5％到 1928 年增加為 15.9％。[9]

　　1920 年代，財政部長安德魯・梅隆（Andrew Mellon）倡議降低稅率時指出，富人把大量的資金投資於免稅證券，這些證券的報酬率低於其他需課稅的證券。[10] 儘管免稅證券的報酬率較低，但是當最高稅率為 73％時，投資於免稅證券還是合理之舉。不過當最高稅率變成 25％，許多高所得者就有理由轉而投資報酬率較高的證券，雖然報酬要課稅。

高所得人口並不是被動的棋子，他們會撥算盤。聯邦政府以較低稅率反而能從他們身上收到更多的稅，因為只要有稅基，就算稅率低，稅收還是強過流失殆盡的稅基；否則稅率再高，一毛錢也收不到（X ＞ 0，X×25% ＞ 0×73%）。

財政部長梅隆與柯立芝總統（Calvin Coolidge）事前都曾表示，降低稅率會提高稅收，結果確實如此，高所得者的稅收貢獻也提高了。[11] 梅隆部長還批評免稅證券構成一種在民主國家「令人作嘔」的情況，也就是創造出「一個稅法碰不到的社會階層」。[12] 梅隆雖然未能讓國會終結免稅證券的存在，但至少透過其他方法提高高所得者對所得稅收的貢獻。[13]

儘管如此，梅隆降低最高稅率的主張被斥為「幫富人減稅」，就像此後出於類似原因的類似計劃所招致的抨擊。[14]

有些人（包括菁英大學的傑出教授）認定稅收與稅率同向變動這個隱含假設，即使面對事實證據也完全不為所動。儘管這些證據都在國稅局的官方記錄裡，上網唾手可得，但大多時候都沒有人對棋子悖論提出挑戰，於是社會正義倡導者還是根據他們眼中的合宜性，繼續主張提高富人的稅率，而不考慮提高稅率做為稅收機制的可行性問題。[15]

政治上，政府「免費」提供各項全民福利這種成本高昂的提案，對有些選民來說可能非常有吸引力，因為有人認為——姑且不論這種說法是真是假——政府增加的成本是由向「百萬、億萬富翁」徵收更多稅收來支應的。從社會正義的角度來看，有些選民或許會認為這是合宜的結果，但合宜性無法排除可行性的問題。

政治追求的不是真相，而是選票。對政治人物而言，只要大部分選民相信這些辭令，他們就成功了。但是，從公眾角度來看，既然「百萬、億萬富翁」不一定會乖乖配合，政府免費大放送的福利政策成本會由「百萬、億萬富翁」所繳的稅來吸收的這個說法，就是一個非常需要實證檢驗的立論。

那些以為自己從政府拿到的「免費」福利是由別人買單的人可能會發現，由於通貨膨脹，最後為這些福利買單的人是他們自己。

▌ 通膨「稅」

正如紙上的稅率不見得課徵得到，有的事物雖然不是稅，卻具有與稅收相同的效果。通貨膨脹就是其中之一。

當稅收不敷各個群體的「免費」福利開銷時，政府可以增發債券，額外募集資金來彌補赤字。在市場上賣掉的債券，發債的成本加上利息會轉嫁給未來的納稅人。但是，如果債券銷售情況不理想，聯邦準備系統就會出面購入──聯準系統是合法有權創造貨幣的聯邦政府機構。然後，當這些額外的貨幣進入市場流通，結果就是通貨膨脹。

通貨膨脹造成價格上漲，最終結果就是每個人的金錢（無論所得如何）都會失去部分價值。這就像是對每個人課稅，從最窮的人到最富有的人無一倖免，每個人和「百萬、億萬富翁」都要為自己的金錢繳納相同的稅率。但是，對貨幣徵稅與對有形資產徵稅不同，比方說廠房或不動產，它們的市場價值在通貨膨脹期間反而會增加。由於窮人不太可能擁有廠房、不動產等其他在通膨期間會增值的有形資產，他們的資產中，現金的占比通常較高，因此資產承受的通膨「稅」率也較高。

簡單來說，通膨「稅」比較像是累退稅，在以較高的價格購買雜貨、汽油或其他消費品時繳納。只要社會福利的接受者沒有看到政府提供「免費」物品與他們最後承擔的高物價之間這層關係，從政府獲得「免費」福利的假象就可以繼續維持下去。

這種情況的最大受益者可能是政客──他們向選民提供「免費」福利（「是權利，不是特權」）來吸引選民，而選民最後承受通膨下的物價上漲，繞了一圈為福利付出代價。

為了掩蓋自己的行徑，政治人物會用「量化寬鬆」（quantitative easing）這種晦澀的行話稱呼這個重要機制（也就是聯準會創造貨幣購買政府債券），而不是用大白話說政府為了購買「免費」放送的東西，印更多鈔票給自己用。有時候政府會採用聽起來更具技術性的術語「QE2」指稱第二輪貨幣創造，聽起來比簡單明白的「印更多鈔票給政客花」更讓人拜服。

棋子與價格控制

正如人的行為會隨著政府改變稅率而變動，當政府改變其他交易條件時，人的行為也會隨之改變。這是最基本的經濟學原理之一。這是經濟學家幾個世紀以來、甚至在還沒有所謂的經濟學家之前就有其他人明白的道理。[16] 不過，不是所有人都知道，政府立法為各種商品和服務訂定價格，已經有數千年的歷史——可以追溯到羅馬時代，甚至更早的古巴比倫時代。[17]

▌價格控制的反應

受定價法規約束的人很少會保持被動，彷彿任人擺布的棋子。有多少政府在通過這類法律之前了解這一點，不得而知。但是眾所周知，美國總統尼克森（Richard Nixon）儘管完全明白價格管制的負面經濟後果，他還是決定實施這些管制。當經濟學家米爾頓·傅利曼（Milton Friedman）對此提出批評，尼克森的回應是：「我才不管傅利曼說什麼。他又不競選連任。」[18] 事實上，尼克森總統確實是以比前次當選更高的票數連任，入主白宮。

至於價格管制對經濟的影響，與幾個世紀以來如此實行的其他地方和時代沒有兩樣。當政府訂定的價格低於供需均衡的水準時，消費者的需求量會因為人為壓低價格而上升，生產者的生產量也一樣會因為人為壓低價格而下降。消費者與生產者都不是被動的棋子。最終的結果就是食品、汽油與許多其他物品普遍短缺。但是，這些後果只有到選舉之後才會普遍清楚浮現。[19]

這些現象都不是美國獨有。2007 年，非洲辛巴威政府為了解決失控的通貨膨脹，下令大幅降價，據《紐約時報》（*New York Times*）報導，辛巴威人民「以欣喜若狂（且曇花一現）的購物瘋潮迎接大降價」。但是，就像在美國，這波消費者需求量的增加伴隨著生產商供應量的減少：

麵包、糖和辛巴威人的主食玉米麵都被搶購一空……肉類幾乎不見蹤影，即使是中產階級在黑市有錢也買不到……醫院病患也因基本醫療用品缺乏而死亡。[20]

非洲人也和歐洲人或美洲人一樣，都不是被動的棋子。

關於世界各國許多形式的價格管制，許多研究都揭露非常類似的模式。[21] 這讓人不禁想問：「政客為什麼沒有從錯誤中學到教訓？」政客當然有學到教訓——他們學到什麼在政治上有效：從政治觀點來看，他們所做的事沒有錯，雖然這些政策可能會給國家帶來災難。在政治上可能犯的錯誤，就是假設社會可以透過政府的「安排」來達成某個理想（包括社會正義），而不考慮政府機構內在的誘因與限制的形態。

▊ 最低工資法

不是所有的價格管制法規都是強迫降價，有些價格管制法規是強迫漲價——這時候，由於價格上漲，生產者會增加生產，但消費者會減少購買。還是一樣，不管是生產者還是消費者，都不是沒有反應的棋子。強迫降價的法規通常會造成短缺，而強制漲價的法規往往會產生滯銷的剩餘（surplus）。

以前者來說，租金管制就是一例，造成世界各地城市的住房短缺。[22] 美國農產品價格援助計劃就屬於後者，導致農民的作物種植量高於消費者在人為抬高的價格下願意購買的量。產品滯銷，政府就要祭出成本高昂的計劃，採購並儲藏剩餘的產品，同時思考如何清理善後並設法限制未來的生產。這些成本耗費納稅人數十億美元。

最低工資法是強迫漲價的一種特殊形式，通常會得到社會正義願景的倡議者支持。最低工資法是普遍認為有利於窮人的眾多政府政策之一，它阻止窮人自己做決策，因為他們做的決策不如代理決策者透過政府權力強制執行的決策。

然而，根據傳統的基礎經濟學，貴的東西人通常會少買。如果是這樣，那麼雇主（同樣不是沒有反應的棋子）面對最低工資法（價格較高）時的勞動雇用量，往往會低於供需決定的工資（價格較低）下的雇用量。在這裡，滯銷的剩餘稱為失業。

雖然法律規定的最低工資率通常低於一般勞工的工資水準，但往往高於新進菜鳥在自由競爭市場由供需所決定的工資。因此，最低工資法對年輕的初學者、特別是青少年勞工的影響往往更大，而這些群體的失業率與經濟原理的檢驗結果尤其吻合，顯示最低工資法會增加失業率。

如果察看各項現有的官方統計數據，這個主題的歧見似乎早就應該能夠化解才是。但是，多年來一直有人極盡巧思，規避最低工資法顯而易見的效應。那些已有其他文獻闡釋、檢驗的論述，本文不再贅述，只列舉出一些簡單明白的事實說明。[23]

1948 年，美國 16 歲與 17 歲黑人男性的失業率為 9.4％；白人同群體的失業率為 10.2％。18 歲與 19 歲黑人男性的失業率為 10.5％；白人同群體的失業率為 9.4％。[24] 簡單來說，1948 年時，青少年男性的失業率沒有顯著的種族差異。

年輕、缺乏經驗的勞工的失業率約為 10％，高於整體勞工尋常的失業率，但是青少年的失業率卻低於正常水準。更重要的是，在檢驗最低工資法對失業的影響時，青少年男性的失業率只是 1970 年代以來一直到二十一世紀初兩個種族的青少年男性失業率的一小部分。[25]

1948 年的美國沒有最低工資法嗎？沒有種族主義嗎？其實都有。只不過聯邦政府的最低工資法，也就是 1938 年的《公平勞動標準法》（*Fair Labor Standards Act*），在 1948 年已經有十年的歷史，而這段期間的通膨率之高，以至於 1938 年規定的最低工資已經遠遠低於青少年男性職場菜鳥（我也是其中之一）1948 年的名目工資。正如當時頂尖的經濟學家喬治・史迪格勒（George J. Stigler）教授 1946 年所言：「1938 年《公平勞動標準法》的最低工資條款已經被通貨膨脹所廢除。」[26]

　　然而，從 1950 年開始，最低工資連年緊盯著通貨膨脹連連上漲。1950 年代是二十世紀 16 歲和 17 歲黑人男性任何一個年度的失業率都低於 10% 的最後一秩。二十世紀最後幾十年，黑人青少年男性的失業率沒有一年低於 20%，有些年度甚至超過 40%。此外，現在黑人青少年男性的失業率通常比白人青少年男性高出一大截，有些年度的差異甚至超過兩倍。[27]

　　任何經歷過早年的人都知道，當時的種族歧視比今天嚴重。一直到 1950 年，華盛頓的公立學校都還明確實行種族隔離，就連審計署和其他一些聯邦機構也有種族隔離的員工，雖然沒有形諸正式規定。[28] 那麼，為什麼1948年黑人和白人青少年男性的失業率沒有顯著差異？簡單來說，答案就在「經濟學」裡。

諾貝爾經濟學獎得主傅利曼譴責最低工資法是「成文法中對黑人最不利的法律之一」。[29] 他的學生蓋瑞・貝克（Gary S. Becker）以歧視經濟學的深入分析等具指標意義的研究而獲得諾貝爾經濟學獎。[30] 他的基本論點很容易理解，無須經濟學家的專業語彙也能懂。

種族主義是內心的態度，種族主義者不必付出代價。但是到了現實世界，歧視是公開的行為，歧視者要付出代價，至於代價多或少，則取決於經濟環境。[31] 在自由競爭市場，價格由供需決定，歧視者可能得為歧視行為付出高昂的成本。

最低工資法降低了歧視者的歧視成本。政府設定的薪資水準（高於競爭市場中供需決定的水準），勞工與雇主都會有所反應，就像其他不會像棋子般被動的賣家和買家一樣。

較高的工資水準吸引更多求職者，但往往也會讓雇主減少勞動雇用量。如此一來，受到最低工資法的影響，低薪工作的就業市場長期處於人浮於事的狀況。在這種情況下，雇主通常可以從長期剩餘的合格求職者中找到人來取代少數族裔的合格求職者。在這種情況下的歧視，可能不會對雇主造成任何損失。

在沒有最低工資法、或是沒有有效的最低工資法的時候（如 1948 年），不太可能出現求職者長期剩餘的情況。這時，如果雇主拒絕少數族裔的合格求職者，就得支付更多成本來吸引其他合格的求職者，否則就得支付更高的加班費讓現有的員工加班——這兩種做法，雇主都要花錢。

這種情況下，1948 年黑人與白人男性青少年的失業率沒有顯著差異，也就不足為奇了，儘管當時的種族主義比後來幾年更高張。此外，當最低工資連年增加，抵銷通貨膨脹再次發揮效果後，毫不意外，青少年男性失業率明顯的種族差距又變得更加普遍。相較於薪資水準主要由供需決定的 1948 年，兩個種族的青少年男性失業率也高得多。

一般而言，歧視者的歧視成本可能因經濟活動的不同而有很大的差異——在競爭市場中，雇主有資金風險的私人企業，其歧視成本高於非營利組織、受監管的公用事業與政府機構。歷史顯示，後三類組織長期以來一直是歧視最嚴重的雇主類型。[32]

政府機構的歧視行為不必付任何代價，因為成本是由納稅人買單。同理，在非營利組織，雇主也是花別人的錢，因此不必為歧視行為付出代價。至於政府監管的公用事業，情況稍微複雜，不過這些歧視成本最終可以轉嫁給顧客，因為與政府監管的壟斷事業往來的顧客，除了照單付費，別無選擇。[33]

相較於在競爭市場營運、雇主自擔盈虧風險的機構，這三類機構的政策長期以來對少數族裔勞工特別有歧視行為。[34] 例如，第二次世界大戰之前，白人的非營利學院和大學裡，幾乎沒有黑人教授。但是在同一時期，有數百名黑人化學家受雇於在競爭產業中追求獲利的企業。[35] 這種現象也不限於美國或黑人。

許多國家都有這種模式：歧視者付出的代價最小時，歧視程度最大；歧視者付出的代價最大時，歧視程度最小。例如 1931 年、兩戰之間的波蘭，猶太人占人口的 9.8%[36]，私人醫生剛好過半是猶太人，但波蘭政府的醫院很少雇用猶太醫生。[37] 至於要自己掏腰包又關心自身健康的人，行為表現截然不同，否則那麼多猶太醫生根本無以謀生。

在南非官方頒布白人至上政策、種族歧視法律最黑暗的時期，法律甚至規定有些職務只能由白人從事。儘管如此，還是有一些競爭產業的大多數員工都是黑人。[38] 在南非政府的一次整肅行動中，光是在建築業就開罰數百家公司，因為它們的黑人員工數超過種族隔離法規所允許的人數，以及雇用黑人從事禁制的職務。[39]

美國黑人經濟學家華特·威廉斯（Walter E. Williams）曾於南非實施種族隔離時期在當地做研究，並在《南非的反資本主義之戰》（*South Africa's War Against Capitalism*）一書中揭露南非當時的種族歧視嚴重程度如何因產業類型、政府管控程度而變化。

無論是社會正義倡議者還是其他任何人都無法萬無一失地假設，他們偏好的法律和政策會自動產生他們期望的結果，無須考慮承受這些法律和政策的人會如何反應。歷史與經濟學都顯示，人不是毫無反應的棋子，任憑擺布以成就他人的宏圖。

棋子與所得統計資料

在圍繞社會正義問題的爭議中，一些對現實最嚴重的扭曲來自所得分配依時序變化趨勢的統計數據。統計數據或許完全準確，但扭曲的是那些討論，把人視為不會有所反應的棋子，或是無論時間如何推移，都會固定處於相同的所得級距。

▌時間趨勢

例如，《紐約時報》稱「美國的貧富差距已經擴大」。[40] 長期以來，這一直是《華盛頓郵報》（*Washington Post*）等媒體、許多電視節目以及政治家與學者中常見的主題。

正如《華盛頓郵報》某位專欄作家所言：「富人的所得增長遠遠超過窮人。」[41] 還有一位《華盛頓郵報》專欄作家把「富人」描述為「近年來幾乎獨占所有所得增長的一群人」。[42] 美國總統歐巴馬表示：「前10％的人掌握的不再是全部所得的三分之一，現在是一半。」[43] 哥倫比亞大學教授約瑟夫‧史迪格里茲（Joseph E. Stiglitz）宣稱：「美國頂層 1％的人現在每年的所得占全國所得將近四分之一。」[44] 史迪格里茲教授認為，「社會的財富分配」已經變得「往一邊傾斜」。[45] 相較之下，其他「99％的美國人」都「同在一條停滯的船上」。[46]

如果這些年來處於相同所得水準的都是同一批人，這些結論就能成立。但是這些年來，某個所得級距裡的人並非同一批人。美國財政部引用國稅局的所得數據表示：「位於所得最低 20％級距的納稅人，超過 50％在十年內往上爬升到下一個 20％級距。」[47] 其他實證研究也顯示類似的模式。[48] 一項研究指出，超過一半的美國成年人會在一生中的某個時候（通常是晚年）晉身所得最高的 10％。[49] 無論所得水準高低，大多數美國人都不會像個不動的棋子，固定在同一個所得級距。

那些隱含假設同一所得水準的人多年來都是同一批人的研究廣為引用，但相較之下，另外有些追蹤特定個人多年間所得的實證研究，所顯現的模式卻完全背道而馳。當一個所得級距的人從一個十年到下一個十年有所更替，那些研究內建假設所稱的停滯根本不是停滯。

密西根大學有一項早期研究追蹤特定美國勞工自1975 年到 1991 年的所得狀況。研究發現，所得一開始在 1975 年位於最低 20％的個人，所得逐年增加，不只增加的幅度高於較高級距的個人，而且增加的金額是好幾倍。[50] 到了 1991 年，1975 年時位在最低五分之一的人，有 29％一路上升到最高五分之一，而一開始處於最低五分之一的人中，只有 5％停留在 1975 年的水準，其他則散布於中間的三個級距。[51]

這些並不是小說家霍瑞修‧艾爾傑（Horatio Alger）筆下罕見的白手起家人物故事。這些都是世俗凡間的真實歷程：人在三十幾歲時的所得通常會比二十幾歲時高，而且隨著更多經驗、技能和成熟度的積累，薪資也會持續增加。

同時，一開始在 1975 年進入前五分之一的個人，在1991 年的實質所得，無論從百分比還是絕對數字來看，增幅都最小。一開始在 1975 年所得在最高五分之一的人口，平均所得的增幅不到其他任何級距的一半。[52] 相較於隱含假設各所得階層的人口沒有流動的那些研究所得出的結論，這些結果的模式截然不同，而美國財政部後來的研究也再次出現同樣的模式（前文已引用過）。後者的研究根據的是國稅局的數據，追蹤的是自 1996 年到 2005 年這十年期間申報所得稅的人。

在那個群體當中，所得一開始處於墊底五分之一的人，所得在此十年間增長了 91%。也就是說，他們的所得在十年內幾乎翻倍，遠遠稱不上「停滯」，與史迪格里茲教授的說法恰恰相反。

那些所得一開始屬於廣為討論的「最高 1%」的人，在同一個十年期間，所得其實下降了 26%。[53] 關於所得分配，我們一再聽到與政界、媒體與學術界那些反覆重申、慷慨激昂、聲嘶力竭的怒吼呈現反證的聲音。

後來在加拿大做的一項統計研究（涵蓋 1990 年至 2009 年）呈現非常類似的模式。那二十年間，原本處於最低級距的人，有 87% 上升到較高的級距。一開始處於最低級距的人口，所得成長比例與絕對金額都高於一開始位於最高級距人口的所得。[54]

乍看之下，倘若其他更廣為引用的研究（來自人口普查局與其他來源）為真，那麼這三項結論如此相似的研究似乎就不可能為真。但是，這兩組研究衡量的東西非常不一樣。

密西根大學的研究、財政部的研究以及加拿大的研究都是多年追蹤單一個人的研究。那些廣為引用的研究（即出自人口普查局與其他採用類似人口普查局所使用方法的資料來源），至少在兩個方面存有根本的差異。

例如，2020 年人口普查或是勞工統計局（Bureau of Labor Statistics）所發布的數據，包含了多個個人的統計項目數據，例如家庭、家計單位或「消費者單位」。但是，正如不同的家庭有不同的人數一樣，其他統計項目也是如此。當這些所得者依項目被劃分成五個相等的級距時，各級距會包含等數量的項目單位，但不會有相等的人數，甚至連人數都無法達到大致相等的程度。

█ 人數的差異

根據美國勞工統計局的數據，2019 年所得級距最低的 20％共有 42,187,200 人，而在同一年度，所得級距最高 20％的人口有 84,915,200 人，剛好超過最低級距人口的兩倍。[55] 因此，比較級距最高與最低 20％人口的所得總額，資料本身就會誇大個人之間的所得差距，因為就算兩個類別裡每個人的所得都相同，人數兩倍，所得總額也是兩倍。

當單親家庭在低所得群體比在高所得群體當中更為常見，所得級距最低 20％ 的人口少於最高 20％，也就沒什麼好訝異了。人數少，可能的所得就少，尤其是「賺取」的所得，即有別於因福利或失業給付等來源的所得。勞工統計局的數據顯示，所得級距最高 20％ 的人當中，有在賺錢的人數是最低 20％ 的五倍。[56]

賺錢的人數是五倍，所得總額較高——如此有何令人驚訝或不公平之處？

大家從人口普查及其他類似數據推論出令人憂心的警訊，彷彿是在討論人類某個群體的經歷，但是他們討論的其實是「前 20％」、「前 10％」、「前 1％」或其他某個統計分類項目的命運。這些分類項目在不同級距的人數不同，而從這個十年到下一個十年，其中組成的個人也一直在變動。

這一切有什麼含義？

比方說，如果我們進行一次所得的徹底重分配，讓

2020 年人口普查裡的每個所得人在下個年度的所得完全相同，也就是個人所得零差距。但是，如果我們把重分配後的所得資料按照之前的分類編排，以 2020 年普查各個 20 百分位原班人馬做比較，那麼資料顯示，相較於之前在最低 20 百分位群組，最高 20 百分位群組的所得現在看起來超過兩倍。

換句話說，現在的所得零差距從統計上看，差距還大於當今美國男女之間或黑白之間的所得差距！

▋ 所得成長「停滯」

美國人整體所得成長「停滯」的警示由來已久。例如，自 1969 年到 1996 年，美國家計單位的平均實質所得（也就是根據通膨調整的貨幣所得）在超過四分之一個世紀裡只成長 6％。但是，在同一期間，美國的個人平均實質所得成長了 51％。[57] 這兩個統計數據怎麼可能同時為真？因為在那段期間，每戶的平均人口數下降了。人口普查局指出，每戶平均人口數早在 1966 年就開始下降。[58]

拿所得大作聳動言論的人所引用的統計數據經過挑選。《紐約時報》一位撰稿人寫道：「自 1973 年以來，大多數美國家計單位的所得都不敵通貨膨脹。」[59]《華盛頓郵報》寫道：「過去三十年來，大多數美國家庭的所得一直保持不變。」[60]《基督教科學箴言報》（*Christian Science Monitor*）引述了華盛頓智庫官員的說法：「經濟在成長，但平均生活水平並沒有提高。」[61]

　　有時，這種結論可能源自對統計的無知。不過有時候，數據引用模式的不一致可能顯示其中有偏見在作祟。例如，長期為《紐約時報》撰文的專欄作家湯姆・威克（Tom Wicker）描述詹森總統（Lyndon Johnson）政府經濟政策的成功時，引用了人均所得統計數據，但他在描述雷根總統（Ronald Reagan）與老布希總統（George H. W. Bush）政策的失敗時，則引用了家庭所得統計數據。[62]

　　個人所得分配沒有無法呈現並分析的內在原因，尤其是所得實際上通常是支付給個人，而不是家庭、家計單位或「消費者單位」。但是那些猛敲所得分配警鐘的人，就算不是全然沒有、也鮮少引用對同樣個人的所得做的時序統計分析。一如我們所見，這類統計數據顯示的結果與所得分配聳動論者的結論截然不同。

▌ 所得級距的流動性

最高所得級距的個人流動率特別高。紐約市大學保羅・克魯曼（Paul Krugman）教授所說的「魔法護身的1％」[63]，想必中的是一種曇花一現的魔法，因為1996年在這個級距的人，大部分到2005年已經不在。[64] 低所得者不是毫無反應的棋子，高所得者也不是。

「前400名」最高所得者的流動率甚至比「前1％」更極端。美國國稅局的所得稅數據顯示，1992年到2014年間，曾名列所謂「前400名」的所得者共有4,584人，而其中有3,262人在這不超過一個世代的23年間，只有一個年度處於這個級距。[65]

原本是幾千個人在多年期間的所得，統計呈現有如幾個百人的所得，所得差距因此被誇大了十倍。如果真的像有人聲稱的那樣，「富人」在「操縱制度」，那麼他們操縱制度是要讓71％的人在國稅局資料涵蓋的23年期間無法再次躋身高所得階層，這樣似乎很奇怪。

▍「富」與「窮」

　　許多關於所得差異的討論用詞常常鬆散不嚴謹，包括把所得最高 20％ 的人稱為「富人」、最低 20％ 的人稱為「窮人」。但是，在 2020 年的人口普查數據中，所得最高 20％ 的家計所得門檻為 141,111 美元。[66] 對於個人來說，這或許是非常可觀的所得水準，但是對於年均所得略低於 75,000 美元的夫婦來說，可能就沒那麼了不起，尤其如果這些人的所得是歷經多年自普通增加到這個水準。但是，無論是個人還是夫妻，這樣的所得水準都不會被視為「富有」，或負擔得起坐擁私人豪宅、遊艇或飛機等那種真正的富豪生活。

　　「窮人」常被誤貼上「富人」的標籤。在密西根大學的研究中，一開始位於最低 20％ 的人，有 95％ 在研究所涵蓋的期間脫離這個級距，只有 5％ 的人一直留著。既然一開始位於最低 20％ 級距的人口當中的 5％ 是抽樣人口的 1％，那麼在研究期間，只有這 1％ 的人能稱得上是

「窮人」。與史迪格里茲教授所宣稱的恰好相反,所得「停滯」的不是他說的那99％的人口,而是這1％的低所得人口。[67]

　「窮人」有多窮?與什麼相比?每個人對貧窮的認知可能有所不同,有人或許會想到挨餓、擁擠狹小的住所、破爛的衣服等諸如此類的困境。但是,貧窮的統計量是由蒐集、公布官方數據的政府統計人員所定義。在這些數據中,統計學家所說的「貧窮」,不折不扣就是官方定義的「貧窮」。

　2001年,官方認證的「貧窮」美國人有四分之三擁有空調,而不到一代之前,1971年只有三分之一的美國人有空調。2001年,官方認證的「貧窮」美國人有97％有彩色電視機,而在1971年,有的美國人僅不到一半。2001年,有97％的窮人擁有微波爐、98％的窮人擁有錄影機或DVD播放機,而在1971年只有不到1％的美國人有微波爐,至於錄影機或DVD播放機,根本沒有人有。[68]

　至於住處侷促,官方定義的美國貧窮人口所擁有的平均空間大於歐洲人——不是貧困歐洲人的平均空間,而是歐洲人的平均水準。[69]

這一切並不代表生活貧困的美國人沒有困難。今日，他們身為犯罪與暴力的受害者，往往面臨比過去物質生活水準還沒有那麼高時更嚴重、甚至更急迫的問題。但是，那本身就是一個早該受到關注的重大問題，比所謂的所得「停滯」問題更加重要。

「富」和「窮」這兩個詞彙在另一個更根本的意義上有誤導性。這些語彙適用於描述財富存量，而非所得流量。財富不屬於所得稅的課徵範圍。即使對億萬富翁的所得課徵 100％的稅率，也無法讓億萬富翁卸下億萬富翁的身分，不過倒是有可能會阻礙其他人成為億萬富翁。對那些公開建議提高所得稅的億萬富翁予以讚揚，可能多少算是過譽。

▌「社會正義」的寓意

試圖把目前不同所得級距的人說成是不同社會階層的人，忽略了人的流動，特別是在高所得級距，其中許多人只是短暫暴富一年。我們應該關心的是有血有肉的人類之福祉，而不是人數不同、組成不斷變動的統計分類之間的差異。

　　所得級距最高 20％人口的所得占比一直在成長，這個事實有何意義？在主張所得重分配的人眼中，它的意義是特定群體正在接收或「拿走」社會總所得較大的一塊餅。如果不同所得級距的人口一直停留在同一個級距，那麼這個結論或許可以成立，但如果人口會跨級距流動，那就是另一回事了。

　　由於有超過一半的美國成年人在一生中的某個時點，所得達到家計單位所得前 20％（甚至是前 10％），晉身所得頂層的門檻也會跟著高所得者的報酬增加而水漲船高。[70] 這樣的結果與所得高峰年齡隨著時間推移從 35 至 44 歲上升到 45 至 54 歲的事實一致。[71] 回過頭來看，這也與科技發展讓知識相對於青春活力更有價值的事實一致。既然每個人都會變老，高所得就不會集中在特定的社會階層。

　　以實證檢驗我們的信念時，統計數據極有價值，但請務必審慎注意特定數據，以及附屬於這些數據的文字。正如卡托研究所（Cato Institute）的資深研究員、經濟學家艾倫・雷諾茲（Alan Reynolds）所言：

衡量所得成長或所得不均等有點像是奧運的花式滑冰，充滿危險的跳躍與旋轉，絕對不是看起來那麼輕鬆容易。然而，所得成長與所得不均似乎就是激發許多人對非常薄弱的統計數據形成非常強烈的看法的這樣一個主題。[72]

第 4 章

知識悖論

就許多社會議題來說，最重要的決定是由誰來做決定。社會正義倡議者與批評者也許都同意，許多影響重大的社會決策最好由具備最攸關知識的人來做。不過，誰真正具備最多的知識，他們的假設截然不同，部分原因在於，他們定義知識的觀念截然不同。這種對於知識的構成在觀點上的分歧，可以追溯至幾個世紀之前。[1]

衝突的知識觀

十九世紀英國學者、牛津大學貝里奧爾學院（Balliol College）院長班哲明・喬伊特（Benjamin Jowett）曾用一首詩諷刺知識分子的知識觀：

> 我名叫班哲明・喬伊特。
> 如果這是知識，我知道。
> 我是這所學院的院長。
> 我不知道的，就不是知識。

許多人不認為任何資訊都有資格被稱作知識，或不認為不管什麼類型資訊的擁有者都一樣有知識。木匠或許知道如何搭造圍籬，物理學家或許知道 $E=MC^2$。但是，即使兩者都不了解對方之所知，許多人還是會認定，有知識的是物理學家，無論原因是他的知識需要更多研究，還是因為他的智力能夠通曉更複雜的資訊。

然而，知識並非存於一個簡單的層級結構，上層是學校和大學所教授的特殊知識，下層是通俗知識。無論哪個層級，都有些知識比其他知識更為重大；知識的重大性取決於具體情況以及決策類型，而非知識本身有多複雜或多優雅。

▋ 重大知識

重大知識（consequential knowledge）是指其結果會對人生意義重大的決策有所影響的知識，比方說負責鐵達尼號航行的職員無疑對船舶的繁複精細與海上的航行具備非常深奧的知識。但就在那個夜晚，最重大的知識是對那座冰山位置的通俗知識，因為鐵達尼號就是撞上了冰山而損壞沉沒。

雖然有人把通俗資訊與特殊資訊一概都稱為知識，但兩者沒有約當關係，而且明顯不同。此外，世人眼中的高深知識不一定涵蓋通俗知識。兩種知識都有其影響重大的時刻，也就是說，社會的重大知識分布可能因事涉的知識類型而迥異。

再舉一個例子說明通俗知識如何發揮重大知識的作用。跨國移民移出或是移入的地區，很少是隨機的選擇。各種通俗知識（那些學校或大學沒教的資訊）會對數百萬人的移民決策產生重要影響。

十九世紀中葉，阿根廷的西班牙移民有 67％ 來自西班牙的兩個省分，但這兩省的人口只占西班牙人口的

6%。此外，這些移民抵達阿根廷時，都聚居在布宜諾斯艾利斯的某幾個區域。[2] 同樣地，在十九世紀的最後二十五年，澳洲的義大利移民有將近 90％都來自義大利同一個地區，這個地區的人口占全義大利的 10％。[3] 不過多年來，從同樣這些義大利偏遠地區來到澳洲的移民數量仍然很多。1939 年，澳洲有些義大利村莊的人口甚至比留在義大利原來村莊的人口還多。[4]

移民通常會前往目的地國特定的地區，也就是他們認識、信任的母國移民已經安頓下來的地方，早期移民可以為新移民提供居住地點極為具體的相關資訊。這些知識非常有價值，涉及像是在哪裡找工作、找到負擔得起的住所等基本事務，以及來到一個人生地不熟的新國家、生活有許多未知的陌生社會裡，許多世俗但影響重大的事情。

在西班牙或義大利剛好能夠得到這種知識的地方，這些地方的人移民海外的占比就高，而同樣在這些國家，缺乏這種個人關係的地方，移民可能就很少。移民不是隨機從西班牙各地遷至阿根廷，也不是隨機從義大利各地移民到澳洲，這一點與某些社會理論家隱含的隨機行為假設背道而馳。

德國人移民到美國的情況也大致相仿。一項研究發現，有些村莊「根本就像是從德國移植到密蘇里州鄉下」。[5] 美國城市地區的德國移民也顯現類似的模式。肯塔基州的法蘭克福市（Frankfort）是由來自德國法蘭克福的移民所開創，內布拉斯加州的格蘭德島市（Grand Island）則是由來自什列斯維希－荷斯坦（Schleswig-Holstein）的人所建。[6] 第一次世界大戰前的半個多世紀間，從中國到美國的移民有 60％ 來自台山，而台山不過是中國南方一個省的 98 個縣之一。[7]

這種模式在其他國家的移民也形成慣例，而非例外，包括定居在哥倫比亞的黎巴嫩人[8]，以及定居紐約下東區貧民區的東歐猶太移民。[9]

這些與特定地方連結的特定關係形態，是根據當地某些人某些凡俗但重大的知識而形成，而這種形態會延伸進入移民抵達並定居後的社會生活之中。在十九世紀紐約的愛爾蘭社區，婚姻的雙方大多來自愛爾蘭的同一個縣。[10] 澳洲格里菲斯市（Griffith）的情況也大致相同。1920 年至 1933 年間，在澳洲成婚的義大利威尼斯移民男性，90％都是與威尼斯移民女性共結連理。[11] 人會根據非常具體的資訊自我分類。

這種形態因為普遍可見，因此有一個專有名詞用來指稱它所牽涉的個人連鎖關係——「連鎖移民」（chain migration）。這就是一種重大知識，其價值在於實際應用，而不是智識的高深或優雅。這是一種高度專門的知識，涉及極為特定的人與地點。這類知識不太可能為諸如經濟中央計劃者或政策專家等代理決策者所知，儘管他們或許具備更多由學校和大學所傳授的知識。但是，無論後者擁有多少可以被視為高層次的知識，都不見得能涵蓋（更不用說取代）被視為低層次的知識。

一個社會有多少知識，知識又是如何分布，關鍵取決於知識的生成和定義方式。如同哈佛大學教授羅爾斯這樣的社會正義倡議者提到「社會」應該如何「安排」某些成果時，他指的顯然是政府所做的那種集體決策，運用更多的是代理決策者可取得的知識，而不是普羅大眾的個人在為自己的生活做決定時所知曉、運用的知識。[12] 俗話說得好：「愚人自己穿外套，比智者幫他穿得還要好。」[13]

無論社會正義倡議者所追求的目標有多麼合宜，透過代理決策者實現這些目標的可行性取決於攸關而重大知識的分布。

　　此外，可行性也取決於政府行動政治過程的本質、目的和可信賴度。二十世紀多場為了理想主義的目標而出征的狂熱運動，就是一部斑斑可考的血淚史，顯示眾人為了實現這些目標而賦予政府龐大的權力，最後往往反而走上極權獨裁之路。「遭背叛的革命」這個辛酸主題至少可以追溯到十八世紀的法國大革命。

　　二十世紀諾貝爾經濟學獎得主海耶克（F. A. Hayek）與喬伊特院長的立場相反，他的知識觀不但同時涵蓋木匠與物理學家的資訊，範疇更是再往外大幅擴張，也因此與二十世紀各種代理決策體系形成直接對立之勢，包括社會正義願景。

　　海耶克認為，重大知識不只包括言明的資訊，也包括未言明的資訊——體現於對已知現實的行為反應。有些簡單而重要的事物都可以當作例子，像是天冷時，父母帶孩子出門前會為他們穿上保暖衣物，或是駕駛人聽到救護車想要通過的警笛聲時，會把車往路邊靠。海耶克說：

這樣的知識並非全都屬於我們的智識，而我們的智識也不是我們知識的全部。這樣看來，我們的習慣和技能、我們的情感態度、我們的工具和我們的體制，全都是對過去經驗的調適，並在篩濾不合適的行為之後有所增長。與我們的意識知識（conscious knowledge）一樣，都是成功行動不可或缺的基礎。[14]

這種大刀闊斧的定義從根本上改變了知識分布的觀點。海耶克認為，重大知識在普羅大眾之間流傳更廣——個別來看，通常是不起眼的片段，必須透過個體之間的互動才能相互達成諧調，就像經濟市場交易一樣。

經濟學家倫納德・里德（Leonard Read）也指出，沒有任何單一個人具備製造一支簡單、廉價鉛筆的各項零件所需的所有知識。市場交易集結了世界各地用於書寫的石墨、做橡皮擦用的橡膠、嵌合各部件的木材，以及固定橡皮擦的金屬帶。

沒有任何單一個人知道如何生產這些差異甚大的物件，它們的原產地天南地北，使用的技術也天差地遠。

這些廉價鉛筆透過環環相扣的資訊與合作而生，也就是市場交易，簡練但攸關重大的知識是它的基礎，價格是它的傳達形式，而價格又會回過頭來反映各項零組件各家廠商之間的競爭。鉛筆製造商以消費者願意支付的成本，把鉛筆所有的零組件組合在一起。

這一切對社會正義願景的寓意為何，不只取決於願景目標的合宜性，還有利用特定類型的機構來實現這些目標的可行性。光是像羅爾斯教授所說的「社會」應該做些「安排」以達成某些結果，這樣多少還是不足。制度機制的選擇很重要——不只是從經濟效率的角度來看，更重要的是維護數百萬人的自由，能夠為自己的生活做出自己認為合適的決定，而不是讓代理決策者打著聽起來高貴無比的名號（像是「社會正義」），代替他們先行做決定。[15]

未經深思熟慮，羅爾斯的社會正義願景把「社會」與「安排」結果的決策者混為一談[16]；在此之前，進步時代的哲學家約翰‧杜威（John Dewey）也曾含糊其辭，指稱以「社會控制」取代市場經濟中「混亂」與狹隘的「個人主義」決策。[17]甚至早在十八世紀，盧梭就提出含混不清的「公意」（general will）為「公益」（the common good）做決定。[18]

對決策過程截然不同的觀念反映的是對重大知識的分布截然不同的信念。對知識與其分布的觀點迥異的人，對於哪種制度會造福或禍害人類，結論南轅北轍，這倒也可以理解。

▋ 對立的觀點

儘管在理解知識分布於哪種政策與體制可能產生哪種結果的關鍵角色方面，海耶克是一位指標性的人物，不過在他之前，也有其他人的分析有類似的隱示，在他之後，也有人在自己的著作裡應用海耶克的分析——最著名的就是傅利曼。

對知識以及其分布的對立觀點所衍生的對立結論（也就是大知識集中在智識更高深的人身上），背後的脈絡也一樣淵遠流長。早在 1793 年，威廉・高德溫（William Godwin）就發表了兩冊《政治正義探究》（*Enquiry Concerning Political Justice*）專書，討論知識的構成這個問題。[19]

　　高德溫的知識觀與當今社會正義著作流行的知識觀非常接近。確實，他的書名中，「政治」一詞所代表的是當時普遍的意涵，意指一個社會的政體或政府架構。這個詞彙用於當時的「政治經濟」（political economy，也就是我們今天所說的「經濟學」〔economics〕），也是類似的意涵，指的是對社會或政體的經濟分析，有別於家庭、企業或其他個體機構所做決策的經濟分析。

　　高德溫認為，知識與理解源自言明的理智。因此，社會中「受過廣博教育並具有反思能力的成員」因為具備「公正的社會觀點」，而能成為「公眾的嚮導與指導者」。[20] 在此，立論者假設知識菁英具備優越的知識與理解能力，但並不因此讓知識菁英扮演政府的代理決策者，而是成為公眾的影響者，然後寄望公眾影響政府。

　　後來到了十九世紀，彌爾的著作裡也出現類似知識菁英的角色。儘管彌爾認為公眾比政府擁有更多知識，但他也認為，公眾需要菁英知識分子的指引。[21] 他在《論自由》（On Liberty）一書述及，只有在「統治的多數願意透過更深具能力和見識的個人或少數的諮詢和影響力，接受他們的指引，如同在盛世時一向的作為」，民主才能超越平庸。[22]

這些知識菁英是「最出色又最明智的一群人[23]」、「思考的心智[24]」、「這個國家最富教養的知識分子[25]」、「思想與感知領先社會的人[26]」——彌爾稱他們為「社會的鹽；沒有他們，人類的生命會化為一池死水」。[27]他呼籲大學「向社會挹注一批人才，這些人不是時代的產物，而是有能力提升、革新社會的人」。[28]

諷刺的是，這個認定知識分子是人類進步之必要條件的論述，提出的時間和地點是十九世紀的英國，而就在此時此地，彌爾的一生見證了工業革命的發生，全世界許多國家的整體生活形態因而改頭換面。此外，這場工業革命的領航者是具備產業實務經驗的人，而不是接受智識或科學教育洗禮的人。美國也是一樣，就連像湯瑪士·愛迪生（Thomas Edison）和亨利·福特（Henry Ford）這種具革命意義的工業偉人，也沒受過什麼正規教育[29]，而發明第一架載人升空飛機的萊特兄弟（Wright brothers），是兩名連中學都沒畢業的單車技工。[30]

儘管如此，幾個世紀以來，許多知識分子也都抱持與彌爾同樣的觀點，認為知識分子在人類的進步中扮演不可或缺的角色。帶頭爭取更多經濟平等的知識分子也包括在內，只不過諷刺的是，他們訴求的根據是假設自己高人一等。盧梭曾在十八世紀說過，他認為「由最聰明的人統治民眾，是最好、最自然的安排」。[31] 這個主調的變化有馬克思主義、費邊社會主義（Fabian socialism）、進步主義和社會正義行動主義等反對經濟不平等的運動。

儘管盧梭強調以「公意」指引社會，他卻把「公意」的解釋留給菁英。他把群眾比做「愚蠢、怯懦的病患」。[32] 諸如高德溫、孔多塞侯爵（Marquis de Condorcet）等十八世紀的其他左派人士，也對群眾顯露類似的鄙夷。[33] 十九世紀時，馬克思曾說過：「工人階級就是要革命，否則一無所有。」[34] 換句話說，數百萬人類同胞只有實現馬克思主義的願景才有地位。

費邊社會主義先驅蕭伯納（George Bernard Shaw）認為工人階級是「沒有生存權」的「可憎」群體。他還說：「若非我知道他們將旋即殂亡，而且完全沒有理由找他們的同類取而代之，我根本不會感到絕望。」[35]

在我們這個時代，著名的牛津大學法律學者羅納德．德沃金（Ronald Dworkin）教授宣稱：「更平等的社會就是更好的社會，即使它的公民偏好不平等。」[36] 法國女權主義先驅西蒙．波娃（Simone de Beauvoir）同樣表示：「任何女性都不應該被賦予留在家裡養育子女的權利。社會應該要徹底改變。女性不應該有那種選擇，正是因為有這種選擇，才會有太多女性都這樣選擇。」[37] 同樣，消費者運動人士拉夫．奈德（Ralph Nader）也說：「有時必須保護消費者免於自身的輕率與虛榮心的影響。」[38]

我們已經看到，二十世紀初基因決定論者抱持類似的態度，如何根據當時在知識界盛行但未經證實的信念，隨意主張監禁沒有犯罪的人，並剝奪他們的正常生活。

有鑑於許多菁英知識分子普遍抱持的知識觀，以及該觀念所隱含的知識分布，也難怪他們會做出這樣的結論。確實，如果說在與人類相關的浩瀚領域裡，個人的傑出成就與能力不過是其中有限的一粟，這種對立的假設可能會對一些社會運動的推動構成重大障礙，這些運動主張由菁英代替他人做決策，並認為那些人是社會正義運動的受益者。

海耶克把這些行動派知識分子的假設視為「致命的

自負」──這是他在這個主題專著的書名。雖然他反對知識分子成為他人的指引或替代決策者這種預設優越地位的指標人物，但在預設重大知識集中於知識菁英身上的這個觀點，他卻不是唯一的反對者。

另一位諾貝爾獎經濟學家傅利曼教授曾指出，諾貝爾獎這項榮譽如何造成公眾認為得獎者是無所不能的萬事通，而得獎者也自認如此：

> 諾貝爾獎一宣布，得獎者立刻成為全方位的專家，這是對諾貝爾獎在全世界所享負盛譽的致敬……不用說，這種關注令人受寵若驚，不過也會讓人腐化。[39]

另一位諾貝爾獎得主史迪格勒教授也有類似的觀察：「諾貝獎得主對於自己簽署的公開聲明所要解決的問題，並沒有因自身的研究而有專業的熟悉度──如果把這類聲明全部蒐集起來，那會是令人搖頭嘆息的厚厚一大疊。」[40] 他提到：「幾乎每個月都會有諾貝爾獎得主正色向公眾發出最後警告，有些言論甚至無憑無據。」[41]

這種全能的預設絕對不是只有諾貝爾獎得主。傅利曼教授發現，這些信念也常見於推動當前社會運動潮流的知名個人和機構：

無論是學術界、媒體圈、金融界、基金會，還是任何你想得到的團體，我都曾與他們談話辯論。我為我的發現深感震驚。知識的同質性高到令人難以置信，大家都接受同一套標準觀點，附帶對各種反對意見陳腐老套的回答，並對歸屬一個同溫層而洋洋自滿。[42]

批評者對某些人的評價與那些人對自己的評價居然如此相似，實在很不尋常——此處指的是知識菁英自認為高人一等。這種模式至少可以追溯到十八世紀，而且與凱因斯在二十世紀對於他所屬的知識圈所發表的言論一致：

我們完全否定自己負有遵守一般規則的個人責任。我們主張我們有根據優劣高下評判個人的權利，而且我們有勝任的智慧、經驗和自制力……在天堂面前，我們主張自己是自己的法官。[43]

雖然凱因斯在晚年體認到這種思想的一些問題，但他仍然表示：「至於我，要改變為時已晚。」[44] 與凱因斯同時代的經濟學家、凱因斯的傳記作者指出凱因斯性格的另一面，展現某些知識菁英長期以來的特質：

> 他對各式各樣的主題發表觀點，其中有些主題，他絕對是專家，但有些主題，他的觀點可能是他偶然瀏覽到某本書的某幾頁所得。兩種情況下，他都是一樣的權威口氣。[45]

關於重大知識分布的假設差異不只是細微枝節的社會探究。人追求的目標雖然類似，但是在實現目標所需的重大知識的性質和分布，如果信念截然不同，對於如何實現目標的方式也會有截然不同的結論。有些時候，目標本身看起來可能或不可能，取決於實現這些目標所需的知識分布類型。

事實與迷思

基於社會正義願景的政策往往不只假設重大知識集中於知識菁英身上，還假定社會經濟差距的根源集中在商業、教育和其他機構主事者等其他人身上。因此，社會正義議程的焦點往往在於讓政府賦權於代理決策者，把許多決策從其他人手中拿走，以拯救各種不當待遇下的受害者，藉此矯正體制與社會的缺陷。其中包括剝奪所謂受害者自己手中的決策，並把這些決策轉移給菁英代理人，因為他們理應具備更多知識，可以更妥善保護當事人的利益。

這些為了他人利益而代行的決定涉及各種面向，包括就業與個人財務，甚至還有住房，以及對子女灌輸的價值觀。

倡議這種先行代決的做法，是美國二十世紀早期進步時代的一個顯著特徵，而且一直持續至今。

▌就業政策

華特·韋爾（Walter E. Weyl）是早期知名的進步派人士，他呼籲由菁英階層代替他人做決定。他 19 歲就大學畢業，並繼續取得博士學位，後來投身學術與記者工作。他顯然屬於知識菁英，貢獻自身才能推動「社會化民主」運動——這種民主體制會保護員工，免於「州際大公司」以及其他危險與限制的壓迫。[46] 例如：

> 禁止女性夜間在紡織廠工作的法律，是在增加、而非限制她的自由，因為這條法律剝奪雇主過去的權利，無法再以全然的經濟壓力，迫使偏好白天工作的女性在晚上工作。[47]

韋爾顯然認為，雇主剝奪了這名職場女性的自由，而像他這樣的人希望把自由還給她──雖然事實上雇主讓她可以有所選擇，而像韋爾這樣的代理人想要讓她別無選擇。在那些認為社會的重大知識集中在我輩身上的知識菁英看來，這麼做或許有理。但是，那些認為重大知識廣泛分布在廣大群眾的人可能會做出相反的結論，就是前文提過的「愚人自己穿外套，比智者幫他穿得還要好」，這句話的主詞換成「她」也適用。

最低工資法是知識菁英與社會正義倡議者擔任代理決策者、代雇主與員工行決的另一個例子。第 3 章曾述及，1948 年，16 歲與 17 歲黑人男性的失業率低於 10%，最低工資法因當時的通貨膨脹而失去實質作用。不過，1950 年起，最低工資歷經一連串的調漲，法律因此恢復作用，1958 年至 1994 年間，該年齡層黑人男性的失業率上升，而且連續三十年不曾低於 20％。[48]

有些年度，這些人的失業率甚至超過 40％。此外，最低工資法不起作用的 1948 年，原本黑人和白人青少年男性的失業率幾乎相同，在那些年間卻出現了種族差距。黑人青少年男性的失業率往往是白人青少年男性失業率的兩倍。[49] 2009 年（說來諷刺，這是歐巴馬執政的第一年），黑人青少年男性的年度整體失業率為 52％。[50]換句話說，因為代理決策者不喜歡雇主願意支付、工作者願意接受的薪資水準，並認定這違法，結果就讓半數的黑人青少年男性找不到工作。預先去除選擇的結果，黑人青少年男性只能選擇不支薪的合法職業，不然就是從事非法活動來賺錢，例如販毒──同時面臨法律風險與敵對幫派的威脅。而就算失業的黑人青少年男性只是在街頭閒晃，也沒有哪個種族的社區會因為許多青少年男性無所事事而變得更好。

儘管事實擺在眼前，許多主張提高最低工資的人依舊絲毫不為所動。這是與不幸的人站在一起的「朋友」與「捍衛者」對自己正造成的傷害渾然不覺的另一個例子。例如在《紐約時報》專欄作家紀思道（Nicholas Kristof）的筆下，反對最低工資法的人之所以對「提高最低工資以跟上通膨腳步」抱持「敵意」是因為「心地刻薄」，或者「說得好聽點，就是對那些在困境掙扎的人缺乏同理心。」[51]

我們不必認為紀思道的言論是出於惡意。沒有事實根據的道德說教是社會正義倡議者的常見形態。但是，問題的根源在於制度，也就是法律允許第三方代理人代替他人先行決定，而且不必為錯誤付出代價，無論他們原本想要幫助的那些人會付出多大的代價。

關於最低工資法對就業的影響，如果有興趣知道更多事實，世界各國不同歷史時期的例子俯拾皆是。[52] 現代工業國家多半都有最低工資法，只有部分沒有，因此可以拿這些國家的失業率與其他國家做比較。

《經濟學人》（The Economist）2003 年的新聞報導指稱，瑞士「二月的失業率接近 3.9％，為五年來的高點」。[53] 瑞士沒有最低工資法。城市國家新加坡也沒有最低工資法，2013 年失業率低到 2.1％。[54] 1991 年時仍是英國殖民地的香港也沒有最低工資法，失業率低於

2％。[55] 美國最近一任沒有訂定全國最低工資法的政府是
1920 年代柯立芝總統的任期，而在他執政的最後四年
間，年失業率最高為 4.2％，最低是 1.8％。[56]

有些社會正義倡議者或許認為，最低工資法是幫助
低收入者的一種方式，不過世界各國有許多刻意倡議最
低工資法的特殊利益團體，他們對自身的經濟利益或許
更有經驗、知道的也更多；而此舉有一個明確的目的，
就是利用訂價把一些低收入者擠出勞動市場之外。一度
被針對的群體包括加拿大的日本移工[57]，以及種族隔離
制度下在南非的非洲勞工[58]，別的就先不提了。[59]

▌ 發薪日貸款

許多地方社會正義運動基於類似的預設立場，倡議
禁止低收入社區進行所謂的「發薪日貸款」（payday
loans）。這些通常是小額短期貸款，每借貸 100 美元的
費用大約是 15 美元，期間可能是幾週。[60] 低收入者遇到
突發狀況而急需用錢時，這類貸款通常是他們求助的管
道，因為銀行不太可能借錢給他們，而他們付錢支應急

用的時間又在下一張支票入帳之前——可能是工資，也可能是福利金或是其他收入來源。

　　急用有各種情況：也許是舊車故障，得立刻修理（如果那是他們唯一的通勤交通工具）；也許是家人突然生病，需要立即服用一些昂貴藥物。無論如何，借款人手頭空空但需要用錢，而且是現在就要。付 15 美元借 100 美元到月底可能是他們寥寥可數的選項之一。但是，從數學角度來看，這種借貸的年利率可能高達好幾百個百分點——在社會正義倡議者的眼中，這叫「剝削」。於是，從《紐約時報》[61] 的社論版到許多其他社會正義活動的場所，發薪日貸款都受到譴責。[62]

　　按照與譴責發薪日貸款年利率高達好幾百個百分點相同的邏輯，一晚 100 美元的旅館房間住一年要 36,500 美元，從租金的角度來看似乎太高。不過當然，大多數人都不太可能用這個價格租下一年的旅館房間。但從旅館管理者的角度來看，沒有人可以保證旅館晚晚客滿，而無論進住或空房有多少間，他們每個發薪日都得付旅館員工薪水。

　　然而，有些州按照推算年利率的邏輯訂定利率上限，足以讓大多數發薪日貸款的業務消失。社會正義運動人士的推論邏輯有些缺陷，那 15 美元不完全是經濟學家所定義的利息就是其中之一。這筆錢還包括處理貸款的成本，用以補貼任何一種貸款都有的不可避免的損失風險，以及支付其他企業常見的營運費用，像是員工薪資、租金等等。

借貸金額低時，這類成本在總成本的占比就會偏高。銀行處理 10,000 美元貸款的成本並不是發薪日貸款 100 美元處理成本的 100 倍。

簡單來說，扣除掉其他成本之後的實質利率，應該與那個驚人的利率數字天差地遠——那個輕率丟出來的數字，只是讓剝奪低所得者急用錢的決策變得明正言順。儘管如此，知識菁英與社會正義鬥士在剝奪窮人因應財務緊急狀況極少數的對策之後，還是可以心安理得地離開。

對於直接當事人來說，避免被扣一天的工資或是避免生病的家人承受不必要的痛苦，價值可能遠遠超過 15 美元。但是為理念出征的知識菁英可能從來沒有想到，市井小民對自己處境所具備的重大知識，可能比遙遠的代理人多得多。

至於「剝削」一詞，除了表達不滿，有些人使用這個
詞彙的具體含義為何，不一定容易理解。但是，如果在前
述的脈絡下，我們用「剝削」指稱發薪日貸款開辦業者獲
得的商業投資報酬率高於這項業務開辦必要的報酬率，那
麼在要求降低「利息」費用的法律實行之後，許多發薪日
貸款業者就會完全關門大吉──這個現象剛好顯示實情與
此相反。如果業者在法定的利息下還是有利可圖，而且報
酬水準與其他企業一樣，他們又何必放棄？

在所謂「利息」的法定限制迫使發薪日貸款業者結
束營運的這個案例中，社會正義改革者可能會因為結束
對窮人的「剝削」而稱慶，但他們不過是在阻止這項業
務的業者賺取與其他企業水準相當的報酬率，實際上因
此切斷了窮人遇到緊急狀況時為數不多的救急線之一。

▎住宅選擇

甚至連居住決策──住什麼樣的房子、什麼樣的社
區這麼基本的個人決策，代理決策者也出手先行代為決

定。

一個多世紀以來，社會改革者利用政府權力迫使低收入者放棄他們選擇的住家，搬到改革者認為更好的地方。這些政策的名目五花八門，像是「清除貧民窟」、「都市更新」，或各種時期的政治流行語。

赤貧者的住家狀況確實惡劣，特別是二十世紀初。1908 年的一項調查顯示，紐約下東區的家庭大約有一半的住家每個房間睡三到四個人，其中將近 25％的家庭每個房間睡五個人或五人以上。[63] 當時這種住家，獨立浴缸非常罕見。多個住戶共用的室內水龍頭或廁所還是晚近的改良設備，而且絕非普遍的設施。設在後院的室外廁所仍然多不勝數，這在冬天可能是個不方便的難題。

不但代理決策者建議房客搬離，政府也沒有提供遷移後的安置住所，反而下令拆除貧民窟，並動用警力驅逐不願離開的房客。在此時以及後來的時期，代理決策者只是認定自己的知識和理解力優於那些被他們趕出廉價房屋的低收入者。後來有更好的新建住房取代貧民窟，代理人更是因此覺得自己做得有理。

就算被驅逐的房客有可以立刻搬進的安置處、取代貧民窟的新居所也比往昔更好，這些都是貧民窟居民在被驅逐之前就已經有的選擇——而他們在權衡之下選擇了留在原地，好多存一些急用的現金，而不是支付更高的租金。較優質的新建替代居所通常來說比較昂貴。

東歐猶太人也在當時最貧窮的歐洲移民之列。猶太男人的工作通常是從當街頭小販開始，婦女和兒童則在自己的貧民窟公寓裡接服飾生產的家庭代工來做，時間很長，領取論件計酬的微薄工資。他們通常會努力存錢，目標是開一間小商店或雜貨店，希望藉此改善生活，或至少讓家裡的男人不必無論什麼天氣狀況都得上街叫賣。

很多猶太移民還有家人在東歐遭受反猶太暴徒的攻擊。存下來的錢也可當做旅費，幫助迫切需要逃亡的家人。這些年來，美國東歐猶太移民的旅費大部分都是由已經定住美國的家人支付，儘管當時許多猶太人都還很貧窮，而且住在貧民窟。[64]

十九世紀和二十世紀初，美國其他住在貧民窟的移民群體也面臨類似的窘迫困境。義大利移民絕大多數是男性，通常還有家人留在義大利較貧窮的南部地區，他們會把在美國賺到的錢寄回去給家人。為了省錢，這些移民經常是好幾個人擠在一個房間裡睡。有觀察者注意到，他們的體格似乎比其他男性矮小——至於後來幾代的美國義大利男性，就沒有出現這種評語；而觀察者可能並不知道，這些人為了存錢，連吃也極盡儉省，為的是幾年後回義大利與家人團聚，或是寄錢給家人，接他們來美國團聚。

更早一代的愛爾蘭移民住在美國條件最惡劣的貧民窟，通常是全家一起，不過也有人還有家人留在愛爾蘭——當地在 1840 年代因為農作物歉收而發生了毀滅性的大饑荒。就像後來的東歐猶太移民一樣，愛爾蘭移民也會寄錢回愛爾蘭給家人，預付移民美國的旅費。[65]

種種需要存錢的急用是住在貧民窟的家庭成員切身感受的重大知識的一部分，卻不太可能為那些對自己所謂卓越的知識與理解信心滿滿的代理決策者所知。進步時代早期作家韋爾曾說：「經濟住房法增進廉租房居民的自由。」[66] 被警察強迫驅離的貧民窟居民的反抗顯示他們有不同的看法。

▌子女教育

決策代理者對他人生活的滲透，已經深入到代替父母做養育子女的親職決策。

隨著公立學校在 1960 年代引進「性教育」，父母希望孩子在什麼時候、如何理解性知識和建議的決定權也被代理人拿走。與知識菁英發起的許多其他社會運動一樣，「性教育」議程是針對現有「危機」的緊急政治對策。這裡要化解的危機，據稱是包括少女意外懷孕和兩性的性病等問題。

舉例來說，計劃生育協會（Planned Parenthood）的一名代表到國會小組委員會作證，說明「要輔導我們的年輕人減少非婚生育、因懷孕而導致早婚的發生率」，這類計劃有其必要性。[67] 關於性病與意外懷孕的類似觀點，在許多菁英知識圈得到迴響，至於質疑者或批判者，則被斥為無知或被說得更加不堪。[68]

在這場「危機」發生之前，所謂迫切需要機構取代父母來「解決」的問題，實情到底如何？此前多年期間，性病感染其實不斷在下降。淋病感染率自 1950 年至

1958 年逐年下降 [69]，1960 年梅毒的感染率還不到 1950 年的一半。[70]

至於公立學校普遍引進「性教育」後，實際情況如下：1956 年至 1975 年間，青少年的淋病感染率增加了兩倍。[71] 梅毒感染率持續下降，但自 1961 年以後，下降速度遠遠不及前幾年急劇。[72]

1970 年代，15 歲至 19 歲女性懷孕率在 1970 年為每千人約 68 例，時至 1980 年上升到每千人約 96 例。[73] 由於墮胎和流產，同一年齡群組每千名女性的生育率數字有所不同，但多年來模式相當類似。

自 1960 年代公立學校大規模引進性教育之前的幾年開始，15 至 19 歲未婚女性的生育率在 1950 年為 12.6‰，1960 年為 15.3‰，1970 年為 22.4‰，1980 年為 27.6‰。在世紀末的 1999 年，這個數字為 40.4‰。[74] 以同一年齡群組（包含已婚與未婚）女性的生育百分比來看，該年齡群組未婚女性數為 1950 年該年齡層女性生育總數的 13.4％，1960 年為 14.8％，1970 年為 29.5％，1980 年為 47.6％。截至 2000 年，該年齡層女性的生育數超過四分之三（78.7％）是未婚女性。[75]

原因不難找：1976 年，15 歲至 19 歲的每個年齡群組，未婚少女發生性行為的比例都比五年前更高。[76] 原因也不難理解——當時所謂的「性教育」具體而言包括以下內容：

　　一項高人氣的十三、四歲中學生性教育課程播放四對裸體情侶的影片片段（兩對同性戀和兩對異性戀），片中示範各種露骨的性行為，而性教育工作者還警示教師，不要向家長或朋友展示這些資料：「若是向計劃之外的人士展示本課程資料，許多內容可能會引起誤解和問題。」[77]

　　康乃迪克州有些家長發現這類「性教育」計劃的具體情況並提出抗議，結果被斥為「基本教義派」和「右翼極端分子」。這些人的政治觀點如何雖然不得而知，但是他們的宗教信仰恰好眾所皆知——他們是富裕的聖公會教徒。[78] 但是這個事件就像許多其他涉及知識菁英社會運動的議題一樣，很多人以人身攻擊來回應反對論述，而不是根據事實反駁。這一次，「專家」的種種評論當中，有這麼一說：「性與性行為已經變得過於複雜和技術性，這個主題不能交給一般父母應對，因為他們的資訊要麼不夠充分，要麼羞於啟齒，無法與子女分享實用的性資訊。」[79]

在各式各樣的議題上，自認為具備他人所沒有的卓越重大知識的人，都不認為代替別人先行決策有什麼問題。即使面對與預測背道而馳的結果，他們也不會從中汲取教訓。許多公立學校「性教育」的倡議者還以這些嚴峻的結果做為「性教育」迫切需要增加的理由。[80]

然而，就像早期進步主義時期的基因決定論者一樣，公立學校方面也有一位「性教育」知名支持者坦誠面對事實，就是之前曾在領導公立學校「性教育」早期工作的經濟機會辦公室（Office of Economic Opportunity）擔任主管的薩金特・施萊佛（Sargent Shriver）。1978 年，他在出席國會小組委員會時做證說：

我們在過去十五年間擁有史上空前多的診所、藥物和性教育，而就像性病在這段期間驟增了 350％，青少年懷孕率也在上升。[81]

然而，也就像上一個世代布萊漢摒棄他關於基因決定論的結論時一樣，很難有其他人願意一樣坦誠。

模式與後果

無論是選舉政治還是意識形態政治,「危機」一詞政治上通常表示有人想要改變的某個情況。它遠遠不能和某種威脅公眾的險峻狀況畫上等號,而且通常隱含著某種黃金機會,讓代理人可以利用納稅人的金錢和政府的權力來增進自身的利益,無論是政治面、意識形態面還是財務面的利益。

幾個世紀以來,努力實現意識形態目標的知識菁英一直把孩童視為他們訊息的特殊受眾。遠在十八世紀,高德溫就說過,孩子(別人的孩子)「是放在我們手中的原料」。[82] 他們的心智「就像一張白紙」。[83] 知識分子把教育別人的孩子當做塑造社會的黃金機會,方法是控管這些年輕且應該還是白紙一張的心智所銘刻的內容,按照自認為是重大知識重要擁有者的知識菁英所預設的想法改造世界,這樣的願想仍然是社會改革運動的關鍵特質。

這種知識菁英運動分子扮演教育角色的概念,是二十世紀初期與後期進步時代的重要特質,一直延續到現代。進步時代的象徵人物威爾遜總統在當上美國總統之前，曾擔任普林斯頓大學校長，他認為自己身為教育家的角色是「讓下一代的年輕紳士盡可能不像他們的父執輩」。[84] 他沒有提到是誰授權他這麼做——甚至沒有提到如果父母知道，是否能容忍這種篡奪親職的行為，至於會為此付出什麼代價，就更不用說。

同樣，早期進步時代的另一位重要人物、哥倫比亞大學的杜威教授也把學校視為「培養兒童和年輕人、建設他們成為其中一分子的未來社會」的場所，以便「消除明顯的社會罪惡」。[85] 杜威認為，學校「培訓明日的國家」，可能是「克服我們體制目前缺陷」的關鍵。[86] 簡單來說，「學校環境的使命是盡可能消除現有環境中沒有價值的特質」，並「清除」不合宜的「過去的枯木」。[87] 長期以來，眾人認定杜威對美國公立學校的功能有重大而長遠的影響。他有許多教育著作，但是其中少有關注如何提升學生的數學、科學或語言能力等俗世議題。他顯然在尋求賦予教育工作者更廣的角色，成為社會進步願景的推動者——而且是背著孩子的父母進行。

出於意識形態的目標，杜威創設了芝加哥大學附屬實驗學校，反映的是杜威自己對當時政治議題的熱情，特別是他覺得美國社會的經濟與其他體制需要改變。[88]

說來諷刺，無論是當時還是現在，儘管許多知識菁英越俎代庖、搶走他人的決策權，卻都似乎自認為，他們是在推動一個更民主的社會。他們的民主觀念似乎是藉知識菁英之手進行結果的均等化。這些代理人為了嘉惠不幸者而犧牲他們認為不應得到這些利益的人。這種作為根本和民主政治制度不一樣：民主政治的基礎是投票選民的自由選擇，以選票決定他們希望受什麼樣的法律和政策所統治，以及希望由哪些人執政，來實施那些法律和政策。

宣稱反對以民主制度做為選民政治控制機制最公開不諱的美國名人，莫過於威爾遜總統。他拒絕以「人民主權」做為政府的基礎，因為他認為，這是在拖累他所謂「行政專家」的障礙。[89] 顯然，他認為重大知識集中在菁英「專家」。他認定「多數人、民眾」「自私、無知、怯懦、冥頑或愚蠢」。[90] 他為所謂「我們所犯下的令人困擾的錯誤——也就是透過投票做太多事情的錯誤」深表遺憾。[91] 他贊成由「行政專家」、也就是由知識與理解力超群的代理決策者組成政府，不受投票公眾的牽制。

有人認為，這會剝奪廣大群眾按照自己認為合適的方式生活的自由，面對這種反對意見，威爾遜的回應是重新定義「自由」一詞。他在 1912 年競選總統之際使用了「新自由」一詞 [92]，並出版一本同名的書。[93] 威爾遜總統把政府提供（由代理決策者發送）的福利簡單描述為接受者新增的自由，彷彿用文字玩了一手魔術花招，就把民眾失去自由的問題變不見。

這些政策預設的受益者是否認為政府福利值得以個人自由換取，這個問題因「自由」一詞的重新定義而被排除在議程之外。威爾遜的書名副標是「解放民眾慷慨能量的呼召」，而且他「全心全意」將此書獻給那些投身「無私無我的公共服務」之士。[94] 至少從辭藻來看，民眾得到了解放，而不是失去自由。

自此，一直到二十一世紀，多年來都有人一再呼應類似的主題。例如 1960 年代詹森政府大幅擴張美國福利國家規模的過程中，一名閣員把自由的新定義詮釋為政府供應事物的擴張，而不是個人對自身決策和行為的自主權增加：

一個人唯有能夠養活自己和家人、選擇工作並賺取足以維生的工資，個人和家人才能行使真正的自由。否則這個人就是生存的僕人，沒有辦法從事想做的事情。[95]

幾年後，兩位耶魯大學的教授在《政治、經濟學和福利》（*Politics, Economics, and Welfare*）一書中同樣把自由定義為收受的事物，而不是受維護的自主權。他們表示：「我們要努力解開自由在理論與實踐的一些複雜性。」[96]他們對自由的觀念是「隨心所欲而無所阻礙」。[97]威爾遜等人所定義的自由，其「複雜性」當然可以理解，畢竟逃避顯而易見的事情，可能會變得非常複雜。遠在羅馬帝國時代，斯巴達克斯（Spartacus）就曾領導奴隸起義，但並不是為了獲得福利國家的福利。

對自由更練達或「複雜」的重新定義流傳到二十一世紀。《大逃亡：健康、財富與不平等的起源》（*The Great Escape: Health, Wealth, and the Origins of Inequality*）一書的作者說：「本書談及自由時，指的是享有美好生活以及從事那些讓生命有價值的事情的自由。貧窮、匱乏與衛生惡劣都是自由的缺乏——這是大部分人類長期以來的命運，而且時至今日，全世界仍有高到不成比例的人身處這樣的命運。」[98]

早在二十世紀初的進步運動時代早期，杜威就曾質疑大多數人是否真的關心過自由、關心它在威爾遜重新定義之前存在好幾個世紀所指稱的意義。杜威說：

自由本身及其所帶來的事物是否與生計的保障同等重要？和食物、住所、衣物，甚至享受美好時光相比呢？[99]

杜威問道：「對自由的渴望，以及感覺與他人平等的渴望，特別是與過去被稱為人上人的那些人平起平坐的渴望，哪一種比較強烈？」[100] 他說：「環顧世界，我們可以看到，在許多國家，所謂的自由體制與其說是被推翻，不如說是甘心樂意地被棄置，而且顯然是充滿熱情地為之。」[101]

杜威雖然是哲學教授，他很清楚理論「必須被視為假設」，並接受「檢驗」，才不會被當做「僵化的教條[102]」，但是當他在論述當代美國社會「明顯的社會罪惡」之類的問題時，如此籠統的公開言論卻沒有這類的檢驗或證據。[103]杜威教授其他籠統的聲明，像是關於「我們有缺陷的工業體制 [104]」；還有宣稱「實業家的報酬與付出不成比例 [105]」；又或者是學校必需消除孩子在家裡「從長輩身上看到的粗俗、疏誤與偏見 [106]」；凡此種種，全都沒有付諸驗證。

隨意蔑視一般民眾及其自由的絕不只有杜威或教育家，法律界也有知識菁英同樣漠視他人的權利和價值。龐德是進步時代重量級的法律權威人士，1916 年至 1936 年間，他擔任哈佛法學院院長長達二十年，培植出許多頂尖的法律學者，倡議在「解釋」憲法上賦予法官更寬廣的角色，為政府權力鬆綁，藉此實踐他遠在 1907 年所稱的「社會正義」理念。[107]

龐德在討論中反覆提及「科學」和「科學性」這兩個詞彙，但討論既沒有科學的程序，也缺乏科學的精確性。[108] 討論提到要有「政治科學 [109]」和「法律科學」。[110] 同樣地，龐德一再訴求「社會工程」，彷彿其他人類就像社會機器裡任憑擺布的零組件，在菁英的手中構建出一個具有「社會正義」的社會。[111]

在龐德看來，一如對威爾森來說，普羅大眾想要的事物逐漸淡出為背景。龐德哀嘆道，「我們還在反覆談論財產在法律面前的神聖性」，並肯定「法律遠離舊個人主義的進步」，而此「不以財產權為限」。[112]

於是，龐德在 1907 年和 1908 年提出司法能動主義（judicial activism）原則（讓法官超越解釋法律的角色，進而涉足社會政策的制定），而這條原則歷經一百多年至今，依然位居主導地位。法官角色擴張的理由之一是修改憲法過於困難，因此法官必須透過「解釋」讓憲法順應時代的變化。

就像懷抱社會正義願景的菁英已經反覆講述而又不斷重蹈覆轍的那樣，這種論調有違既有的事實。在進步派的鼎盛時期、1913 年至 1920 年這八年間[113]，他們宣稱「幾乎不可能修改」的美國憲法修改了四次。[114] 人民想要修憲，憲法就改。菁英想要修憲，但人民不同意，這並不是什麼需要「解決」的「問題」。這就是民主，即使堅信自身優越的智慧和美德應該強加諸於他人的菁英會為此感到挫折。

龐德院長簡單地把憲法的權力分立視為「教條」，因為權力分立會「限制法院對〔法律〕的解釋和適用」。在龐德自己的觀念裡，法官的角色遠遠寬廣得多。[115]

龐德早在 1908 年就提及「透過司法解釋制定一部活憲法」的合宜性。[116] 他呼籲「法學行動覺醒」、「社會學法學家」，並宣稱法律「必須根據它達成的結果來評價」。[117] 他譴責他所謂的「機械化」法理學，稱其「無法滿足當今生活的重要需求」。[118] 當法律「成為一套規則體系」，他說，「就成為社會學家現在抗議反對的情況，而且抗議有理」。[119] 至於為什麼社會政策應該交由法官和社會學家制定，而不是民選立法委員或行政官員，對此他沒有解釋。

無論是在法律還是其他領域，菁英知識分子先行代為決定都訴諸於未經證實的聲明，這些聲明的根據是菁英共識，卻被當成彷若是有案可考的事實——這個重要特點，無論是公共政策還是私人生活都是如此。一個表徵就是當他們面對持異議者的論點，往往不是提出反論來回應，而是回敬言之鑿鑿的人身攻擊。這種模式已經持續超過一個世紀，不只是在社會正義議題的討論，其他議題亦然；而且不只在美國，也出現在大西洋彼岸國家的知識菁英當中。

從美國進步時代的早期開始，進步派對先進社會思想的觀念就有一個特點：對罪犯的治療應該取代對罪犯的逕行懲戒，或至少做為輔助，彷彿犯罪是一種疾病，而「病根」可以追溯至社會，也可以追溯至罪犯。這些思想至少可以追溯到十八世紀的作家，如英國的高德溫、法國的孔多塞[120]，但是經常被二十世紀的進步主義者指為是現代「社會科學」的新啟示，在知識菁英之間廣為頌揚。[121]

在這種氛圍下，美國最高法院從 1960 年代初期一連串的案件開始「解釋」憲法，提出顯然是過去有所疏漏、現在新發現的罪犯「權利」，包括 1961 年的《馬普訴俄亥俄州案》（*Mapp v. Ohio*）、1964 年的《艾斯科維多訴伊利諾州案》（*Escobedo v. Illinois*）與 1966 年的《米蘭達訴亞利桑那州案》（*Miranda v. Arizona*）。大法官會議中，也有少數法官提出強烈異議，對裁決缺乏法律依據以及由此而生的危險表示反對，但是由首席大法官艾爾‧華倫（Earl Warren）領導的最高法院多數派則不為所動。[122]

根據《紐約時報》的報導，在 1965 年的一場法官與法律學者研究會上，有位前警察局長就最高法院最近的刑法裁決趨勢發言表達不滿時，大法官威廉·布倫南（William J. Brennan）與首席大法官華倫「面無表情」地坐著。然而，在某位法學教授對局長的言論嗤之以鼻並加以嘲諷之後，華倫和布倫南就「笑聲不斷」。[123]

在這次聚會的菁英眼中，這名警官孤身對抗法界博學群雄的場景，或許看起來令人莞爾一笑。但是，有些犯罪統計數據呈現的或許是另一幅不同的景象。在最高法院自 1960 年代初開始改造刑法之前，美國凶殺案的發生率已經連續三十年呈下降趨勢，而且如果按人口比例計算，1960 年凶殺案的發生率甚至不到 1934 年的一半。[124] 但是，在最高法院浮泛創造罪犯的新「權利」之後，凶殺率的走勢幾乎立刻逆轉，1963 年到 1973 年間直接翻倍。[125]

沒有人笑得出來，尤其是凶殺案受害者的母親、遺孀和孤兒。雖然這是全國性的趨勢，但在黑人社區尤其嚴重——儘管經常也有人主張，淡化執法和懲戒、轉而尋求解決犯罪「根本原因」的社會正義倡議者理應會幫助到這些地方。

1960 年代凶殺案突然劇增之前與之後，黑人的凶殺率始終是白人的好幾倍。有些年度，黑人凶殺案受害者的絕對人數比白人凶殺案受害者還多，雖然以人口規模來看，黑人比白人少得多。[126] 這表示黑人社區為凶殺案劇增所付出的代價特別慘重。

終身職的最高法院大法官就是典型的菁英，在體制上不必為錯誤付出代價——無論錯誤有多嚴重，也無論其他人為此付出多高的代價。首席大法官華倫甚至連承認錯誤也不願鬆口。他在回憶錄中駁斥對最高法院刑法裁決的批評，把犯罪的「根本原因」歸咎於「我們這個不安寧的社會」，還列舉「貧困」、「失業」和「貧民窟生活惡化」之類的例子。[127] 不過，關於 1960 年代的凶殺率突然變得比此前三十年惡化這點（本來是下降之勢），他並沒有提出任何實證說明。

啟示

我們對重大知識分布的看法，在決策合理性的判定、政策與制度的選擇上是重要的關鍵。在無知的汪洋裡，每個人都有一座自己的知識島。有些島比較大，但沒有一個島會如海洋一樣廣袤。正如海耶克的想法，大量的重大知識分布於整個社會的人口之中，因此重大知識量在人際之間的差異「相對而言微不足道」。[128]

根據這個結論，讓知識菁英一手包辦他人的決策就沒有什麼道理可言，無論這些決策關乎自己的生活方式，還是選民想要生活在什麼法律之下、他們想要誰來負責執法。分別在自身專業領域取得卓越成就的知識菁英可能很少想到自己在其他包羅萬象的問題上的無知。

不過，比無知更危險的是謬誤的確信，這是人不分教育程度、智商水準都會犯的毛病。儘管我們看不到自己的謬誤，幸好，我們往往能夠把別人的謬誤看得一清二楚，別人看我們的謬誤時也是如此。在這個人人觀點難免各異、各自掌握的重大知識片段難免不同而難免犯錯的世界，要防止個人或社會鑄下致命的危險錯誤，我們糾正彼此的能力就成了關鍵。

我們當今的致命危險在於對與體制的主流意識形態相左的意見和證據愈來愈不寬容，而且打壓的力道愈來愈重，從學術圈到企業界、媒體和政府機構皆然。

許多高成就的知識分子似乎認定，他們的光環可以延伸到各式各樣的議題，即使那些議題遠遠超出他們的成就範圍，他們的看法也理所當然正確。但是，一個人一旦踏出自己的專業領域，可能就如踏下懸崖。

若是做為代替他人決策的基礎，高智商與缺乏資訊可能會是非常危險的組合；當代理決策者不必為錯誤付出代價時，更是如此。

傻瓜可能會製造問題，但通常只有聰明人才會釀成真正的大災難。他們於此的紀錄實在太多次又太多樣，罄竹難書，讓我們再次看到那些自鳴得意但對爭議充耳不聞、對證據無動於衷的菁英帶頭狂奔時，加入之前不得不三思。

第 5 章

言詞、行為與危險

……我們必須對我們最慷慨的願望所潛藏的危險保持警覺。──萊昂內爾‧特里林（Lionel Trilling），美國作家、評論家與教育者[1]

與社會正義倡議者的基本關懷有志一同的人，不一定會抱持相同的願景或意圖，因為他們對選擇、因果關係或結果的假設不同。自由市場經濟學家泰斗傅利曼就曾說過：

所得與財富的嚴重不均遍布世界各地。大部分人都會為此忿忿不平。看到榮華富貴人家與赤貧寒門之間的對比，沒有幾個人能無動於衷。[2]

無獨有偶，另一位自由市場經濟學家的指標人物海耶克也說：

　　當然，我們必須承認，市場機制分配利益與負擔的結果，若是獨厚或薄待特定群體，很多時候應該視為極度不公。[3]

　　顯然，海耶克也認為，即使有他倡議的自由市場，生活整體而言並不公平。但是我們不能說他認為社會不公平——兩者並不相同。海耶克認為，社會是「有秩序的結構」，不過不是決策單位，也不是採取行動的機構。[4] 那是政府做的事。[5] 但是，無論社會還是政府，都無法全盤理解或控制變化多端的眾多環境——其中有很高的運氣成分，而個人、階級、種族或國家的命運都受這些環境的影響。

　　正如我們所見，即使生在同一個家庭，排行老大或老么也很重要。出身五個子女家庭的國家優秀獎學金決選者當中，有 52％排行老大，排行老么的只有 6％，這個差異甚至大於性別或種族之間的最大差異。[6]

　　在一個成長的經濟體裡，生於家族的哪個世代也很重要。[7]「明智選擇你的父母」——《經濟學人》的一則詼諧標題點出關於不平等的另一個重要事實,並以這則不可能做到的建議來描繪這個情況。[8]我們無法控制的環境是造成經濟和其他不平等的主要因素。試圖理解因果關係不一定就是尋找罪魁禍首。

海耶克把我們周遭的整體環境稱為「宇宙」(注:cosmos,特別指一個井然有序的體系)。[9]就這個脈絡來說,所謂的「社會正義」,或許稱「宇宙正義」更為恰當,因為這是達成許多社會正義倡議者所尋求結果的必要條件。[10]

這不只是名稱不同的問題。這個問題更為根本,關乎我們能做什麼、不能做什麼,還有其中涉及的成本與風險為何。正如海耶克所言,當「人類命運的差異顯然不能歸責於人類的能動性」,我們就無法要求實現宇宙正義。[11]無論個人還是集體,沒有任何人類可以控制宇宙體系——也就是環繞著我們、並會影響每個人生活機會的整體環境。我們的人生有很高的運氣成分,而這表示每個人生活裡發生的每一件好事或壞事,無論是社會還是政府都無力控制因果,也不負有道德責任。

有些人可能會想起某個人，對方在我們生命裡的某個時刻出現，改變了我們的生活軌跡。在我們人生的不同階段，這樣的人可能不只一位，每一位都以不同的方式改變我們的前景，無論是好是壞。我們或代理決策者都無法控制這些事物。那些自以為可以的人都身處滿是人間悲劇和國家災難的危險地域（可能是「白手起家的人」，不然就是被派來拯救群眾或地球的救世主）。

如果我們周遭的世界剛好在各個領域都做到人無論階級、種族或國家都機會均等，這樣的世界或許可以被視為遠遠優於今日的實際世界。無論名稱是「社會正義」還是「宇宙正義」，那或許都是許多人共同的理想，即使這些人在其他方面鮮有共識。但是我們的理想並沒有告訴我們自身的能力及極限，也沒有告訴我們試圖跨越這些極限的危險。

只舉一個例子就好。從最早的美國進步派以降，有一種理想一直存在，就是刑法的適用要對罪犯做個別考量，而不是通案考量。[12] 考慮這個理想是否合宜之前，要先考量人類是否有能力這麼做。公職人員要從哪裡得知某個陌生人如此全面、私密而準確的知識——更不用說要具備超人類智慧，好把這些知識應用於不可勝數的生活複雜情況？

一名殺人犯或許有個不快樂的童年，但那是否足以做為正當理由，以眾人的生命做賭注，讓殺人犯在經過一些所謂的「矯正」程序之後回歸人群？冠冕堂皇的觀念與時髦的流行語是否重要到可以拿無辜男女與兒童的生命冒險？

海耶克的重要見解在於，一個大型社會運作之所繫的重大知識，散布於各個個人、階級或機構，無所不在，合起來才是一個整體。因此，一個大型社會的運作和存續需要無數人與無數重大知識片段之間的協調。有鑑於此，海耶克反對各種中央直接控制的制度，無論是中央計劃經濟、為了社會正義之益而為的全面代理決策制度，還是「社會」對所有居民的命運（無論好或壞）負有道德責任的假設，因為沒有人具備承擔這種責任所需的知識。

我們並非無所不能不代表我們應該全無作為。但這確實表示，我們有必要確認我們掌握正確的事實，這樣才不會在盡力改善情況時，反而讓情況變得更糟。在一個事實不斷變化、人類本質上容易犯錯的世界，我們所言、所行的一切都會遭受批評。教條主義的確信與無法容忍異議經常引發重大災難，在二十世紀更是如此。這種行徑延續到二十一世紀並變本加厲，這絕對不是希望的象徵。

遠在十八世紀時，柏克就對他的理想與政策主張做出根本的劃分，他說：「我的原則堅定不移。我把我的活動保留給理性的奉獻。」[13] 換句話說，懷抱崇高理想並不代表把理想主義推向極端，不惜一切代價、無視任何危險，努力把這些理想強力加諸於他人。

人類不惜一切代價追求崇高理想已有前例，特別是二十世紀極權獨裁政權的出現——這些政權通常立於最高道德原則下的平等主義目標而誕生。但是基於最純良的理由而授予的權力可能會被用於最壞的目的——而且越過某條界線之後，授予的權力就無法收回。傅利曼清楚理解這點：

一個把平等（意為結果的平等）置於自由之上的社會，最後將既沒有平等，也沒有自由。動用武力實現的平等會摧毀自由，為良善目的而動用的武力最終會落入那些利用武力圖謀自身利益的人手中。[14]

海耶克經歷了二十世紀歐洲極權獨裁政權興起的時代，親眼目睹它如何發生，於是做出基本上相同的結論。不過，他沒有把社會正義倡議者視為籌謀建立極權獨裁政權的邪惡人士。海耶克說，有些倡議社會正義的領袖，他們的無私「無庸置疑」。[15]

海耶克主張，社會正義倡議者理想化的世界——每個人在所有領域享有均等的成功機會——不僅無法實現，狂熱卻徒勞的追求可能會適得其反，結果與倡議者的目標背道而馳。創造獨裁政權的不是社會正義倡議者，而是他們對現存民主政體的強烈抨擊，可能會弱化民主政體，直到有人乘虛而入，攬握獨裁大權。

社會正義倡導者顯然不認同傅利曼與海耶克等批評者的結論。但雙方結論的差異不見得反映基本道德價值的差異。他們的差異通常屬於根本的層次：他們對於環境的信念、因果關係的假設都截然不同，因此結論也截然不同。雙方設想的世界不同，兩個世界各有不同的運作原則，而雙方也在不同願景的框架下以不同意義的詞彙來描述各自的世界。

當願景與詞彙存有如此根本的差異，檢視事實至少是明辨的希望。

願景與詞彙

某種意義來說，文字只是向他人傳達意義的容器。但是，跟某些容器一樣，文字有時候會汙染內容物。例如「merit」一詞就有各種不同的意義（注：字義有優點、價值、功績、績效等。在任用、召募、入學申請等場景則指僅以能力、而非其他條件做為錄取標準）。結果來說，無論是社會正義願景倡議者或是其批評者，都在使用這個詞彙時汙染許多社會政策的討論。

▌「優點」的內涵

群體優待（group preference）的反對者經常說，每個人都應該以自身的「優點」受評判，像是召募或是大學入學錄取的平權行動。在這個情況下，「優點」似乎多半指的是與特定領域相關的個人能力。就這個意義而言，優點就是一個事實問題，答案的有效性取決於衡量申請人能力所用標準的預測效度。

不過，有些人（包括社會正義倡議者）從「優點」的概念看到的不只是事實問題，還有道德問題。十八世紀的社會正義倡議者高德溫就不只關注不平等的結果，還特別關注「無功而得的優勢」（unmerited advantage）。[16]二十世紀費邊社會主義先驅蕭伯納也談及「沒有一點功績而賺到的龐大財富」。[17]他指稱，不只是窮人，還有許多受過良好教育的人，「眼睜睜看著知識、才能、品格和公共精神都不如自己的成功商人賺到更多錢。」[18]

在此，「優點」不再只是事實問題（誰具備與特定領域的成功相關的特定能力），還是一個道德問題：獲得這些能力的途徑是出自個人特別的努力，或只是一些「無功而得的優勢」，也許是因為生在比其他大多數人優渥的環境所致。

這樣看來，有道德維度的「優點」衍生出非常不同的問題，而這些問題的答案可能天差地遠。出生在某些德國家庭或某些德國社區的人，繼承德國人累積一千多年釀造啤酒的知識、經驗和洞見，這是否理所應當？顯然不是！這是不勞而穫的利益。但是，同樣清楚的是，不管我們喜不喜歡，他們擁有這些寶貴知識是當今的事實。

這類情況不是只有德國人或啤酒。小班哲明‧戴維斯（Benjamin O. Davis, Jr.）將軍是美國第一位黑人空軍將軍，而他碰巧是美國第一位黑人陸軍將軍老班哲明‧戴維斯（Benjamin O. Davis Sr.）將軍的兒子。其他美國黑人（或者說美國白人）是否有同樣的優勢，成長於軍人家庭，從童年就開始耳濡目染，全面學習高階軍官職涯的種種？

這種情況並非獨一無二。麥克阿瑟（Douglas MacArthur）將軍是二戰最著名的美國將軍之一，也是美國軍事史上最著名的將軍之一。他的父親在內戰時期是一名年輕的指揮官，因戰場上的表現榮獲國會榮譽勳章，在結束軍旅生涯之際官拜將軍。

這也不是軍隊特有的現象。在國家美式足球聯盟（NFL），四分衛亞奇‧曼寧（Archie Manning）在漫長而傑出的職涯裡成功傳球達陣超過一百次。[19] 他的兒子佩頓·曼寧（Peyton Manning）與伊萊·曼寧（Eli Manning）也是 NFL 四分衛球員，同樣有著悠久而傑出的職涯，包括贏得超級盃冠軍。其他沒有這種父親的四分衛球員，是否有均等的機會？不太可能。但球迷會想看表現明明不佳、但基於社會正義而被派上場的四分衛比賽嗎？

有些人在某項特定領域的優勢不只會讓其他人屈居劣勢，也會讓所有為該領域所提供產品或服務付費的人受益。這不是零和局面。競爭市場有許許多多的人可以自由決定自己要付錢買什麼東西，而互惠互利是這個領域能夠存續的唯一憑藉。想提供相同產品或服務的人數少得多的那方，就是輸家。無論贏家的成功是因為付出許多犧牲而培養的技能，還是因為剛好在對的時間出現在對的地方而落在他們身上的技能，輸家就是無法與成功生產者提供的東西相比。

當以電腦為基礎的產品傳播到世界各地時，生產者與消費者都因此受惠。不過，對於競爭產品（如打字機或是滑尺〔一度是工程師做數學運算的標準工具〕）的製造商來說，卻是壞消息。小型電腦化裝置可以讓計算更快速、更簡單，應用範圍也更廣。但是，在自由市場經濟中，對於那些商品或服務不再是最佳等級的人來說，由新發展而來的進步是個壞消息。人口的「兼容並蓄」需要一些得到授權否決消費者需求的代理決策者才能做到。

軍隊也有類似的狀況。一個在戰場上為生存而戰的國家沒有餘裕根據人口代表性（「看起來像美國」）、而非軍事能力來挑選將領，無論那些能力如何養成。想要打勝仗、爭生存的國家沒有這種奢侈的空間，希望不造成士兵不必要的傷亡、贏得軍事勝利的國家更是沒有。在那個關頭，若非當前一流的將領，國家不會授命他帶領士兵。

在社會正義文獻中，許多人認為，無功而得的優勢往往是從其他人口的福祉扣除而來。但是，無論從財務、享受體育運動的觀眾或自戰爭倖存的士兵等觀點來衡量，福祉都不是一個固定或預定的數量。如果總所得是有固定值或預定值的大餅，那麼歐巴馬總統那句「前10％的人掌握的不再是全部所得的三分之一，現在是一半」的言下之意，便是富人所得的增加理所當然來自他人所得的減少。[20]

這個語意上的隱微層次不能等閒視之。高所得者是否會增加／減少其他人口的收入，這點非常重要。對於嚴肅議題的決策來說，迂迴影射之言的基礎相當薄弱。由於這個議題事關重大，不能用取巧的言詞來決定或含混帶過。簡白來說：某些億萬富翁創造和銷售的產品，究竟讓美國人的平均所得有所增加還是減少？

同理，眾人瓜分的所得或財富並沒有固定量或預定量。如果有些人創造的財富多於他們的收入，那麼他們並沒有讓其他人變得更窮；但如果他們創造的產品或服務的價值低於他們的收入，那麼同樣很明顯，他們確實會讓其他人變得更窮。不過，雖然不管銷售什麼，任何人都可以隨心所欲訂定要價，卻不太可能找到人願意支付溢價（價格高出他們認為產品或服務具有的價值）。

主張某些人的高所得是自總量固定或預定的所得搜刮而來，因此留給其他人的所得變得更少，這種說法或許很伶俐。然而機巧不等於智慧，如果你的目標是理解事實，那麼巧妙的影射不能取代事實證據。但是，如果你有政治或意識形態目的，那麼「富人以掠奪窮人而致富」無疑是二十世紀最成功的政治訊息之一。

共產主義者靠著馬克思主義的「剝削」訊息，在二十世紀以歷史上罕見的速度與規模站上世界各國掌權。這個訊息顯然有政治市場，成功利用這個訊息遂自己目的的意識形態群體，共產主義者不過是其中之一，儘管對於生活在共產主義獨裁統治下的數百萬人來說，這是一場災難。

　　例如，赫爾曼‧卡恩（Herman Kahn）認為，美國窮人的生活水準有可能因致富者所創造的進步而不斷提高──這種想法卻受到社會正義倡議者的唾棄。[21] 但是，那個假說的實證檢驗結果能否證明社會正義倡議者的立場正確，結論絕對沒那麼顯而易見。社會正義倡議者似乎更不可能對這個假說進行實證檢驗。

　　在尋求事實、而非政治或意識形態目標的人眼中，要了解富人的財富是否來自讓窮人更窮，有很多事實檢驗方法可以運用。在有許多億萬富翁的國家（無論是絕對人數還是人口比例），檢視其他人民生活水準的高低，或許就是一種方法。例如，美國的億萬富翁人數比整個非洲大陸和中東的億萬富翁人數加起來還要多。[22] 但是，就算是生活在官方定義貧窮處境下的美國人，生活水準也往往高於非洲和中東的大多數人。

　　長年以來，在不同的時期、地點，繁榮的少數民族經常被描述為「剝削者」，檢視他們的歷史也不失為事實檢驗的方法。在多年來的許多案例中，這些少數群體不是遭到政府驅逐，就是因暴亂而被趕出某個城市或國家，或兩者皆然。幾個世紀以來，猶太人在歐洲不同地區就多次歷經這種遭遇。[23] 東南亞各國的華人也是。[24] 印度人和巴基斯坦人也曾被驅逐，離開東非的烏干達。[25] 1948 年，緬甸法律沒收境內的遮地（注：Chettiar，來自南印度的吠舍種姓，英屬緬甸時代大規模掌管緬甸的放貸市場）貸款人大部分的財產，許多人被逐出緬甸。[26]

　　1970 年代，烏干達政府指稱亞洲企業家讓非洲人的經濟狀況惡化，於是下令驅逐，而後烏干達的經濟陷入崩潰。[27] 遮地人離開緬甸之後，當地利率不降反升。[28] 菲律賓的經歷大致相仿，23,000 名華僑在十七世紀遭屠殺，此後中國人生產的商品出現短缺。[29]

　　在過去幾個世紀裡，被斥為「剝削者」和「吸血鬼」的歐洲猶太人被各個城市和國家驅逐的情況並不少見，驅逐手段有的是政府法令，有的是暴亂，或兩者皆然。

值得注意的是，有些驅逐猶太人的地方後來又邀請猶太人回去。[30]

顯然有些人發現，猶太人遭驅離開之後，國家的經濟變得更糟。

凱薩琳大帝（Catherine the Great）雖然禁止猶太人移民到俄羅斯，但她後來努力想要從西歐引進迫切需要的外國技能（包括「一些商人」）時，她寫了一封信對某名官員說，針對國家尋覓的職業人才，應該發給俄羅斯護照，而「不要提及他們的國籍，也不必取得自白」。在這則訊息的正式俄文文本中，她用德文加上附言，「如果你不懂我的意思，那不是我的錯」，還有「這一切務必保密」。[31]

訊息發出後，俄羅斯開始召募猶太移民——雖然有位歷史學家指稱：「在整個辦理過程中，任何提及猶太人身分的內容都悄悄地避而不宣。」[32]簡單來說，當政策的廢除政治上不正確，而政策的實行又有不利的後果，即使是專制統治者也會設法繞過自己訂立的政策。

要判斷富者之富是否以剝奪他人之富為代價，這些歷史事件絕對不是唯一可用、也不一定是最好的事實檢驗。但遠遠更為重要的是，盛行的社會願景不會有任何事實檢驗，因為華麗修辭與反覆重申就足以實現目標，特別是其他觀點可以被忽略和／或壓制時。那種壓制正是關鍵因素，而在我們這個時代，它已經成為學術、政治與其他機構一個重要且不斷增強的因素。

今日，一個人從幼兒園到博士班，即使是進入最負盛譽的各級教育機構，還是有可能沒讀過自由市場經濟擁護者或槍枝管制法反對者寫的任何一篇文章（專書就不用說了）。如果你讀過就會發現，你認不認同他們的論述根本不是重點，更重要的問題在於，為什麼教育這麼常帶有填鴨色彩，這又是為誰的利益而行。

甚至連填鴨的內容是真是假也不重要。此處為了論述方便，假設今天向學生灌輸的一切都為真，大部分學生在離開學校之後的半個世紀或更長的人生歲月裡可能會遇到的問題，也不一定與今天的問題相同。昨天的問題得到正確的解答，於他們又有何益？

要解決新的爭議，他們所需的教育要能夠讓他們養成應對、分析相反觀點的智識能力、知識與經驗，並且有能力審視、系統性地分析這些觀點。這正是以時下流行事物做填鴨的教育無法給予的。

這種「教育」讓一整個世代一遇到機巧的煽動者運用操縱群眾情緒的動人詞藻，就淪為容易上鉤的獵物。很久以前彌爾就曾如此描述這個問題：

> 人之所知只是事情的一面，對其他所知甚少……即使從自己的老師那裡聽聞到對立的論點也還是不夠，這些論點是他們的轉述，附帶他們提出的反駁。這不是公允呈現論述的方式，心智也無法藉此真實接觸這些論點。他必須能夠聽到真正相信、熱誠捍衛這些論述、並為其竭盡全力的人的說法。他必須能言善道、用最有說服力的形式去理解這些見解……[33]

彌爾所描述的正是當今大多數學生無法得到的教育，即使在最負聲譽的教育機構也是如此。他們得到的更常是包裝好的結論，包裝得妥妥當當，以防其他思想或與流主流敘事不一致的事實侵入。

在這個時代的主流敘事中，別人的好運就是你的厄運，成了一個必須「解決」的「問題」。但是，當有個人無論是在什麼樣不勞而獲的情況下得到某些知識和洞見，並用這些見解設計出某種產品，讓世界各地數十億人即使不懂電腦的具體細節，也能使用電腦，那就是一項可以在多年期間為世界現有財富供給增加價值數兆美元財富的產品。如果該產品的生產者因為把產品賣給數十億人而成為億萬富翁，也不會讓那數十億人變得更窮。

英國社會主義者蕭伯納之輩可能會怨嘆道，這種產品的生產者可能沒有蕭伯納自認或其他和他一樣的人所具備的學術資歷或個人美德。但是，買電腦化產品的人不是為了這些而掏錢買單。我們也看不出為什麼應該讓第三方的怨嘆影響不會對第三方自身造成任何傷害的交易。第三方先行代決行動的整體紀錄也不怎麼令人振奮。

這一切並不表示企業不曾犯下任何錯誤。商業界不常有聖徒，政治圈、媒體或學術校園更是如此。這就是為什麼我們有法律。不過，我們也不能以此為由，制定更多、涵蓋更廣泛的法律，並把更多權力交給那些不必付代價的人，無論受制於其權力的其他人為他們的錯誤付出多少代價。

像「優點」如此機巧的詞彙（具有多重且相互衝突的意義），可能會讓人難以釐清問題是什麼，至於明白如何解決問題，就更不用說了。

種族主義

「種族主義」（racism）可能是社會正義詞彙中最有力的字眼。毫無疑問，種族主義帶給無辜的人大量不必要的磨難，夾雜無以言喻的恐怖，像是納粹大屠殺。

種族主義可以類比為某種致命的流行病。這麼一來，以不同方式因應流行病會產生什麼樣的結果，或許就值得我們思考。我們當然不能輕易忽視疾病，再抱持最樂觀的希望。但我們也不能走向另一個極端：為了減少疫情造成的死亡人數，而將其他顧慮拋在腦後，包括其他致命疾病。舉例來說，Covid-19 大流行期間，其他疾病的死亡率上升了，因為許多人擔心去醫療機構可能會從其他患者那裡感染 Covid-19，而不敢就醫。[34]

再怎麼可怕的流行病也會消退或結束。到某個時候，持續全力關注這種流行病，反而可能導致更多來自其他疾病的危險和死亡，還有因持續實施禁令而造成的其他生活壓力；這些禁令在流行病全面爆發時可能有其意義，不過，從最終的結果來看反而有害。

　　一切都取決於特定時間、地點的具體事實。而這不一定容易得知。尤其當特殊利益團體能從疫情期間的限制中取得政治或經濟利益，因此有充分的動機宣揚禁令仍然有迫切需要的信念時，特別難以得知。

　　同理，種族主義者不會公開表明自己的身分，因此我們特別難以得知種族主義當前發生的情況以及影響。此外，矢言保護民眾免於種族主義所害的政治人物可以贏得選票；民族抗議運動領袖可以利用對種族主義者的恐懼，吸引更多追隨者、更多捐款和更多權力；凡此種種，許多人都有誘因把對種族主義的恐懼拉至頂峰。

　　沒有任何有理智的人會相信美國社會或任何其他社會裡完全沒有種族主義。在此，柏克十八世紀所說的話或許值得我們再次回想：「我的原則堅定不移。我把我的活動保留給理性的奉獻。」[35] 我們以完全拒絕種族主義為原則。但無論是少數族裔還是其他任何人，都沒有無限的時間、無限的精力或無限的資源尋遍種族主義一絲一毫可能的蹤跡，或是投入那些想要對種族主義者做道德啟蒙而難以寄望有成的活動。

即使奇蹟發生、我們真能完全消除種族主義，美國偏鄉人口的歷史也已經告訴我們，就算那些人生理上與其他白人無異、沒有面臨任何種族主義，也不足以防止他們落入貧困。同時，未能免於種族主義之害的黑人夫婦家庭，卻能在超過四分之一個世紀的時間裡，貧窮率每年都維持在個位數。[36] 我們還知道，當今的種族主義者無法阻止黑人青年成為空軍飛行員，甚至空軍將軍，也無法阻止他們成為百萬、億萬富翁或美國總統。

就像我們必須體認到疫疾大流行的威力至少已經消退，可以更加善用有限的時間、精力和資源來因應其他危險一樣，我們也必須更加關注種族主義之外的危險。年輕世代尤其如此，他們得解決實際面臨的問題和危險，而不是繼續關注此前幾個世代面臨的問題和危險。如果種族主義者無法阻擋今天的少數族裔青年成為飛行員，那麼教師工會可以——方法是在首要任務為保障教師的鐵飯碗、教師工會有數十億美元會費的學校裡，不讓他們接受像樣的教育。[37]

我們當然無法確知，美國少數族裔的敵人是否能像所謂的「朋友」和「施惠者」一樣造成同樣重大的傷害。我們已經看到最低工資法造成的危害：它剝奪了黑人青少年接受雇主願意以青少年願意接受的工資提供的工作選擇，只因為不受影響的第三方選擇相信，他們比所有直接當事人都更理解情況。

社會正義的願景和議程給少數群體的另一項「福利」是「平權行動」。這是個備受討論的議題：如果工作錄取、大學入學許可或其他福利的核給是根據人口代表性、而不是根據資格來決定，這樣會對原本符合資格的人造成傷害。但是，我們也必須理解此舉對那些所謂的受惠者造成的傷害，那種傷害可能甚至更為嚴重。

這種可能性尤其需要檢視，因為它完全違背了主流社會正義議程，以及其關於美國黑人進步提升來源所在的敘事。根據那個敘事，黑人之所以擺脫貧窮，得歸功於 1960 年代的民權法案與社會福利政策，包括平權行動。然而，那個敘事遲遲沒有進行實證檢驗。

平權運動

關於美國黑人社會經濟進步的主流敘述所引用的統

計數據顯示，1960 年代之後，黑人貧窮人口比例下降，從事專業工作的黑人比例上升，所得也增加。但是，就像許多其他時間序列的統計趨勢陳述一樣，以哪一年做為統計數據評估的起始年，對於結論的效度至關重要。

如果以 1940 年為起始年（也就是 1960 年代民權法和擴大社會福利國家政策之前二十年），分析美國黑人年貧窮率的統計數據會得到迥然不同的結論。

這時的數據顯示，1940 年黑人的貧窮率為 87％，在接下來的二十年間（也就是 1960 年代主要的民權法和社會福利政策之前）下降到 47％。[38] 1960 年代之後仍然維持下降趨勢，只不過這並不是下降趨勢的開端，下降速度也沒有加速。1970 年，黑人的貧窮率又縮減了 17％，降至 30％──這個比率只略低於前二十年，不過當然也沒有更高。黑人貧窮率在 1970 年代再次下降，從 1970 年的 30％下降到 1980 年的 29％。[39] 這次貧窮率只縮減1％，力道顯然遠遠低於在此之前的三十年。

平權行動是在什麼樣的脈絡下進入這段歷史？甘迺迪總統（John F. Kennedy）在 1961 年的總統行政命令中首次使用「平權行動」一詞，指示聯邦承包商應「採取平權行動，確保應徵者的雇用、以及雇用期間的待遇不因種族、信仰、膚色或國籍而有差異」。[40] 換句話說，當時的平權行動意指個人的機會平等，而不是群體的成果平等。到了 1970 年代，詹森與尼克森總統後續發布的行政命令則是把以數字表示的群體成果當做檢驗平權行動的標準。

如今，隨著平權行動從個人機會均等轉變為群體成果均等，許多人認為，這項政策對適用的黑人與其他低所得人種或族裔群體更為有利。確實，大家普遍認為這項政策促進了這些人在各項領域的進步，不證自明。但實情是，在 1970 年代，也就是平權行動意指群體優待或配額之後，黑人貧窮率只下降了一個百分點，完全與主流敘事背道而馳。

多年來，隨著平權行動轉變為給予弱勢群體優惠待遇的爭議愈演愈烈，主流敘事以「促進黑人進步的主因」這個說法，為平權行動辯護。然而，一如其他許多備受爭議的問題，菁英意見的共識已被廣泛接受，很少人會去訴諸大量反證。暢銷書作家薛爾畢・史迪爾（Shelby Steele）尖銳的著作探討了支持失敗的社會政策

背後的理由和動機，書中引述他與一名參與 1960 年代政策的政府官員的會談：[41]

「你看。」他忿忿說道：「只有——真的就是只有政府才能解決那種貧窮，那種病入膏肓、根深柢固的貧窮。我才不管你怎麼說。如果這個國家還像個樣子，就要讓政府再試一次。」[42]

史迪爾教授想要把焦點放在 1960 年代各項政府計劃實際結果的事實，引來對方的激憤回應：

「該死，我們拯救了這個國家！」他幾乎是用吼的：「這個國家就要爆炸了。到處都是暴動。你可以在那裡用後見之明批評，但是，我的朋友，我們必須讓這個國家團結起來。」[43]

從事實來看，這位 1960 年代的前官員完全搞錯時序，不過他不是唯一一個弄錯的人。全國大規模的貧民窟暴動始於詹森執政期間（注：1963 至 1969 年），規模前所未見。[44] 詹森政府卸任之後，動盪平息，而政府的「貧窮戰爭」計劃也被下一任政府駁回。此後，雷根政府在執政的八年期間拒絕整個方針，規模龐大的暴動潮也不復見。

當然，政治人物有種種動機把黑人的進步講成他們的功勞，支持這些政策的社會正義倡議者也是如此。但是這種敘事又引來某些批評者的指責，說黑人應該要像其他群體一樣，靠自己的力量擺脫貧窮。然而，鐵錚錚的事實顯示，在黑人尚未享有機會平等、群體優待更是奢望的數十年間，黑人確實多半是靠自己脫貧的。

在這數十年裡，聯邦政府、媒體與知識菁英都不像1960年代以來那樣，對黑人給予那麼多關注。至於1940年代與1950年代期間，南方各州政府對黑人的關注，大部分都是負面關注，與當時的種族歧視法律和政策一致。

在1940年代和1950年代，離開南方是許多黑人脫貧的方法，大人可以得到更好的經濟機會，孩子可以受更好的教育。[45] 1964年的《民權法案》（*Civil Rights Act*）是結束對南方黑人憲法基本權利被剝奪的遲來主要因素之一。[46] 但是，想要以此做為黑人擺脫貧窮力量的主要來源，這種說法並不合理。自1954年至1964年（即歷史性的1964年《民權法案》通過之前），黑人從事職業工作的比例翻了一倍多。[47] 政治左翼人士也不能把 1964 年《民權法案》全部當成自己的政績。國會記錄顯示，支持法案的共和黨人比例高於民主黨人。[48]

簡單來說，在美國黑人脫貧率最高的幾十年裡，脫貧原因與美國和世界其他國家其他低所得群體脫貧的原因最為近似，主要是數百萬一般民眾自發個人決定的結果，與魅力超凡的群體領袖、政府計劃、知識菁英或媒體宣傳無關。在那個早期時代，大多數美國人是否知道當時最著名的民權組織領袖叫什麼名字，都還是個問號。

美國的平權行動與其他國家類似的群體優待政策一樣，很少對貧窮人口有多少效益。[49] 一個在美國低所得少數族裔社區長大的普通青少年，在社區內接受的教育品質往往非常差，光是要從普通大學畢業就是相當嚴峻的挑戰，不太可能用得到優先錄取醫學院的機會。在印度等更為貧窮的國家，對於出身「表列種姓」（以前稱為「賤民」）的農村青年來說，這可能是更艱鉅的挑戰。[50]

無論在美國還是在其他實行群體優待政策的國家，為貧窮群體創造的福利往往一面倒地流向這些貧窮群體中較為富裕的成員[51]，有時甚至流向比廣大社會一般成員更為富裕的人。[52]

平權行動的核心前提是群體「代表性不足」是個問題，而群體代表性按群體比例分布是其解決方案。如果社會各個群體在所有領域都具有相等的能力，這個主張或許有意義。但是無論是社會正義倡議者還是其他任何人，似乎都無法在現代或數千年的歷史紀錄中找到這樣的社會做為例子。即使是成就非凡的群體也很少在所有領域都出類拔萃。運動明星很少有亞裔美國人與猶太裔美國人，德裔美國人則很少出魅力十足的政治家。

至少有些基本事實值得考慮，例如在一個互有的不均雖然很常見、但已發展能力很少呈現均等的世界中，平權行動對於旨在協助對象的影響，利弊得失總結起來最終有益還是有害。比方說，大學院校對低收入少數群體申請者的錄取要求，普遍比對其他學生的要求來得寬鬆。

大學院校入學政策這種平權行動普遍被視為合理，理由是低收入少數族裔社區公立學校的學生，考試成績很少能達到頂尖學校的錄取標準。因此，在入學資格上給予弱勢群體優惠待遇被認為是一個解決方案。

雖然這種做法隱含的假設是學生在排名較高的院校能接受更好的教育，對此，我們仍有嚴正的理由抱持懷疑。教授的教學通常會根據課堂學生的類型調整適合的步調和艱深程度。即使是一個資格完全符合標準而進入優質院校的學生，菁英機構課程的速度和複雜性仍然會讓他們感到無法招架，畢竟優質院校大部分的學生 SAT 的數學和語言得分排在全國前 10％，甚至是最頂尖的 1％。

SAT 分數 PR 值為 80 的學生因有少數群體的身分而被機構錄取，這並不是在幫他。這樣會讓一個手中握有成功門票的人變成灰心喪志的失敗者。一個數學成績 PR 值為 80 的聰明學生會覺得數學課的步調太快而跟不上，而教授對複雜原理的扼要解釋，班上其他 PR 值為 99 的學生也許可以輕易理解，他們可能高中就已經學過泰半的教學內容。菁英學術機構發給學生的閱讀教材的數量和深度，情況可能也大致相同。

對於熟悉頂尖菁英學術機構的人來說，這些都不是新聞。但是許多出身低收入少數族裔社區的年輕人可能是家裡第一個上大學的人。

這樣的孩子在被知名院校錄取而得到各方祝賀時，

可能沒有看到其中潛藏的重大風險。由於大多數低收入少數族裔社區公立學校的學業標準較低，那些所謂的幸運兒在高中可能輕輕鬆鬆就能拿到好成績，而在大學身處截然不同的境況時，也許會面臨可怕的打擊。

問題不在於這個學生是否符合入學資格，而是他的資格與錄取院校其他學生的資格是否相當。實證顯示，這可能是關鍵因素。

加州大學體系實施平權行動入學政策時，排名頂尖的柏克萊校區錄取的黑人和西班牙裔學生，SAT 成績只比全國平均水平略高；但是白人學生的分數高出 200 多分，而亞裔美國學生的分數又比白人再高一些。[53]

在這樣的環境條件下，大多數的黑人學生都未能畢業。此外，黑人學生錄取人數在 1980 年代開始增加，但其實畢業的人數卻在減少。[54]

加州大學體系的平權行動入學政策經加州選民投票而終止。有人因此預測加州大學體系的少數族裔學生人數會大幅減少，但事實上整個體系錄取的少數族裔學生總數幾乎沒有變化，只不過少數族裔學生在全州不同校區出現徹底的重分配。

在柏克萊和洛杉磯（UCLA）這兩所排名頂尖的分校，入學的少數族裔學生人數急劇減少。他們現在會去那些學生的入學成績與自己更相近的校區。環境條件改變之後，加州大學體系整體的黑人與西裔學生畢業人數在四年內增加了一千多人。[55] 在四年內以 GPA 達 3.5 或更高的成績畢業的人數也增加了 63%。[56]

被旨在招收大學前成績優良學生的院校錄取並因而受害的，絕對不是只有平權行動入學政策下未能大學畢業的少數族裔學生。許多進入大學的少數族裔學生希望主修科學、技術、工程或數學等具有挑戰性的領域（稱為 STEM 領域），卻被迫放棄這些艱深科目，轉攻較為容易的領域。加州大學體系停止平權行動入學政策後，不只有更多的少數族裔學生畢業，取得 STEM 領域學位的人數也增加了 51%。[57]

從少數族裔學生的學業能否順利繼續並勃蓬發展的角度來看，關鍵並不在於他們以入學考試成績衡量的大學前教育資格的絕對水準，而是他們的考試成績與同院校其他學生之間的差異。然而，大學入學考試分數遠高於美國學生整體平均水準的少數族裔學生，如果進入一所其他學生的分數更為頂尖的院校，反而可能落入失敗困境。

麻省理工學院（MIT）的數據就顯示這種情況。麻省理工的黑人學生 SAT 數學平均成績位於 90 百分位。但是，這些學生的數學成績雖然在美國學生中排在前 10％，但是在學生排名為前 1％的麻省理工當中，位居倒數 10％。結果，這些素質極高的黑人學生有 24％未能從麻省理工學院畢業，畢業的學生也集中在後段班。[58] 在大多數美國學術機構中，這些黑人學生可能是校園裡頂尖的一群人。

有些人可能會說，即使成績在麻省理工是後段班，這些學生還是得到了在世界一流工學院接受教育的優勢。這種說法隱含了一種假設：學生進了排名較高的機構，就一定會獲得更優質的教育。但是我們不能排除另一種可能：當教育的步調和艱深程度是針對大學前成績優異的學生而設計，那麼成績後半段學生所學到的可能會更少。

我們可以在其他領域檢驗這種可能性，以醫學和法律為例，這些領域的學生在完成正規教育之後，學習成果要接受獨立的測試。醫學院和法學院的畢業生如果沒有通過這些獨立測試，就無法取得執業資格。

一項針對五所州立醫學院的研究發現，黑人與白人在美國醫師執照考試合格率的差異，與他們在進入醫學院之前的醫學院入學考試的差異相關。

也就是說，在黑人與白人學生入學考成績差異幾微的醫學院接受訓練的黑人，從醫學院畢業之後，醫師執照考試合格率與白人的差異較小。[59] 黑人畢業後在這些考試的成績合格與否，與他們是否在其他學生入學考試成績近似的醫學院一起受訓更相關，而與醫學院排名高低無涉。顯然，沒有平權行動入學政策的低分高取，他們的學習成果會更好。

以參加獨立律師資格考試以取得律師執照的法學院畢業生做比較，也得到類似的結果。喬治梅森大學（George Mason University）法學院學生的入學考試整體成績高於以黑人為主的霍華德大學（Howard University）法學院學生的入學考試整體成績。但兩所法學院的黑人學生的入學考試成績相近。因此，進入喬治梅森大學法學院的黑人學生，入學考試成績低於同校法學院其他學生。但是，在霍華德大學顯然就不是這樣。

　　兩所法學院的黑人學生畢業後第一次參加律師資格考試合格的比例如下：喬治梅森法學院有 30％的黑人學生通過律師資格考試，而在霍華德法學院，這個比例是57％。[60] 這再一次說明，低分高取的學生的成就不如那些資格相稱的學生。一如其他例子的情況，當其他學生的教育準備與他們自己的類似時，那些沒有低分高取的學生，在其他學生的教育養成與自己近似的環境接受教育，似乎能展現更好的學習成效。

　　我們無須把這幾個例子當成定論。不過，許多機構都拒絕公布這些案例提供的數據。加州大學洛杉磯分校教授理察・桑德爾（Richard H. Sander）曾試圖取得加州律師考試的數據，以檢驗平權行動入學政策下，黑人律師人數是增還是減；結果有人提出威脅，如果加州律師協會公布這項數據就會遭到控告。[61] 後來數據沒有公布。而這也不是什麼不尋常的現象。全國各地都有學術機構宣稱平權行動具有「多元化」利益，但拒絕公布可以檢驗這種說法的數據。[62]

　　威廉・鮑文（William Bowen）和德瑞克・博克

（Derek Bok）宣告平權行動入學政策成功的研究著作
《河流的形狀》（*The Shape of the River*）在媒體普遍頗受
好評，但是針對該書的結論與其他研究的結論（有公布
所用數據）截然不同的部分，作者拒絕向評論者揭露原
始數據，不過其他研究的作者有公布研究所用的數據。[63]
此外，其他學術界的學者也對前大學校長鮑文和博克得
出的結論持有諸多疑問。[64]

　　當有關平權行動入學政策實際結果的負面資訊曝光並
引發醜聞，相關人士很少以著手解決問題來回應，反而
譴責揭露醜聞事實的人是「種族主義者」。哈佛醫學院的
伯納德‧戴維斯（Bernard Davis）教授就因他在《新英
格蘭醫學期刊》（*New England Journal of Medicine*）的發
言而被貼上這種標籤。他說，哈佛醫學院和其他醫學院
的黑人學生是「站在於慈善的肩膀上」獲頒文憑，並說
讓不太可能達到醫學院標準的學生入學很「殘酷」，更
殘酷的是，「捨棄這些標準並讓信任我們的病患為我們
的不負責任付出代價」。[65]

　　雖然戴維斯教授被貶斥為「種族主義者」，黑人經濟
學家威廉斯後來從其他地方理解到類似的事情[66]，而哈

佛醫學院幾年前也有一位事務官在私下的交流中提出類似的說法。[67]

同樣地，當喬治城大學有個學生揭露數據，顯示該校法學院錄取的黑人學生，中位數成績低於所有錄取的白人學生時，世人的反應是譴責他是「種族主義者」，卻不關注由這項揭露資訊而來的嚴肅議題。[68]順帶一句，該中位數成績是第 70 個百分位，所以這些學生並不是「不夠格」的學生，但他們在其他法學院可能有更多成功機會，而且後來有更高的機會考取律師資格考試、成為律師。

在菁英院校成為失敗者對學生沒有任何好處。但是從學術機構執意抵制任何可能迫使他們摒棄這種會產生反效果的入學政策來看，或許有人能從這些做法獲益。即使在加州選民投票決定結束加州大學體系實施平權行動入學政策之後，還是有人繼續努力規避這項禁令。[69]為什麼？如果大部分少數族裔學生無法畢業，校園顯見的少數族裔學生比例有什麼好處？

我們或許可以從許多大學的籃球、橄欖球等運動校隊長期以來的運作方式看出一些端倪，這些被歸類為

「業餘」的運動可以帶來數百萬美元的進帳。有些戰績輝煌的大學橄欖球校隊，教練的收入比學院院長或校長還高。但是，校隊運動員冒著身體損傷的風險，花費數年娛樂他人，卻沒有任何報酬；而他們所面臨更高、更長遠的風險在於，他們這幾年的教育不過是做做樣子，許多人學業上都只求達到夠讓他們繼續打球的門檻就好。而大學籃球和橄欖球運動員繼續進入職業運動發展職涯的比例極低。[70]

大學籃球與橄欖球明星的黑人人數偏多，而學術機構也不假思索地如此濫用這些人。[71] 所以，我們無須質疑，這些學術機構為了自身的利益，為了能讓自己過道德這一關，而讓少數族裔青年進入校園。我們也不必懷疑，學者想要說服他人或自己時，自有把事情合理化的口才。[72]

就事實論，問題說穿了就是：那些機構是否有校園顯見的少數族裔人口代表性所能滿足的利益，無論那些學生是否受教育並畢業。如果少數族裔學生「代表性不足」的情況嚴重，就會危及學術機構每年從聯邦政府得到的數億美元經費，因為代表性不足可能會與種族歧視畫上等號，而在法律上威脅到高額的政府資金挹注。

這並不是學術機構繼續推行平權行動入學政策唯一的外部壓力，儘管這些政策實際上在傷害那些旨應幫助的群體。喬治梅森大學法學院如果不繼續招收資格不如其他學生的少數族裔學生，就會面臨失去評鑑認證的威脅，就算數據顯示這項政策不符合少數族裔學生自身的最佳利益。[73] 群體代表性的統計差異代表種族歧視 —— 這個無所不在的社會正義悖論影響重大。校園裡的少數族裔學生就像用來保護機構利益的人肉盾牌，而人肉盾牌的傷亡率非常高。

許多社會政策在幫助一些群體的當下，也傷害了其他群體。無論是那些資格符合但未被錄取的學生，還是許多進入更可能一敗塗地的院校、但在其他院校完全大有可為的學生，學術界的平權行動都對雙方造成傷害。

有些個人和機構堅持採用顯然會適得其反的平權行動入學政策，經濟自利絕對不是唯一因素。那些不必為自身錯誤付任何代價的人，以及那些會因為面對批評背棄原本的陣營、捐棄珍貴的願景與菁英同儕間的珍貴地位而付出沉重個人和社會代價的人，都不會輕易放棄他們的意識形態聖戰。就像基因決定論者與「性教育」的倡議人士一樣，很少有人願意正視那些與主流敘事相矛盾的事實。

即使是與代理決策者旨稱要協助的那群人相關的正面消息，只要成效的實現與代理決策者無涉，也很少會受到矚目。例如黑人脫貧大部分發生在 1960 年代廣大的政府社會計劃實施之前、在魅力「領導者」紛紛嶄露頭角之前、也在媒體廣泛關注這個議題之前的數十年間，而主流的社會正義敘事卻很少提及這個事實。

非白人男性（當時絕大多數是黑人男性）的凶殺率在 1940 年代下降 18％，隨後在 1950 年代又進一步下降 22％，這個事實也沒有受到太多關注。接下來，情況在 1960 年代突然逆轉，而那正是「根本原因」與「矯正」等冠冕堂皇的流行語弱化刑法的年代。[74] 若以 1960 年代為分水嶺，之前的黑人進步與之後的負面趨勢最引人注目、也最重要的對比，就是非婚生黑人子女的比例從 1940 年不到 17％增加為四倍，到二十世紀末略高於 68％。[75]

知識菁英、政治人物、社會運動分子與「領導者」

把一切號稱始於 1960 年代的黑人進步歸功於自己，對明顯始於 1960 年代的痛苦倒退卻不承擔任何責任。

這不是黑人或美國獨有的形態。其他國家的群體優待政策對貧窮人口的效益甚微，就如平權行動對貧窮的美國黑人效益甚微。比方說，印度、馬來西亞和斯里蘭卡的優惠待遇，主要受惠者往往是這些國家低所得群體當中較富裕的人 [76]，與美國的情況相仿。[77]

啟示

社會正義願景根本上的問題在哪裡？我們當然希望能有一個比今日所見更美好的世界，不要再有那麼多人承受不必要的磨難，而是有豐富的資源能創造更豐盛的成果。但是，痛苦的現實就是，沒有人具備實現社會正義理想所需的那些包羅萬象的重大知識或驚人的力量。有些幸運的社會能夠匯聚充分的有利因素，在自由的人民之間創造基本的繁榮與共同的尊嚴。但是，對許多社會正義運動分子來說，這還不夠。

儘管有相當多的反證，知識菁英可能還是認為自己具備所有必要的重大知識，可以創造他們所尋求的社會正義世界。即使他們真能處理知識面的問題，但他們是否有足夠的權力完成所有需要做的事情，這仍然是個難題，而且這不只是知識菁英的挑戰。對於那些可以賦予他們那個權力的人來說，這是更大的問題，也是更大的危險。

極權獨裁政權如何在二十世紀崛起，又如何在和平時期造成政權統治下數百萬人民的死亡，這段歷史應該做為把過多權力放在任何人之手的緊急警訊。這些悲慘的災難政權，有些是在許多真摯而熱誠的人幫助下，為了追尋崇高理想、為了替不幸者創造更美好的生活所建立，而對那些不顧危險追求社會正義的人來說，這是至關重要的警示。

以人類對其他人類行使的任何權力來說，實在很難想像權力沒被濫用情形的例子。然而，我們還是必須要有法律和政府，因為無政府狀態更糟糕。但是，我們也不能只是一逕讓步，把愈來愈多的自由交給政客、官僚和法官（他們是民選政府的基本組成機構），結果只換得一些聽起來頭頭是道、但我們卻懶得訴諸事實檢驗的華麗言詞。

在從社會正義到外交政策、軍事衝突等一系列議題上，知識菁英為了影響公共政策和塑造國家體制推動各式各樣的運動，而這些行動的實績如何，也在諸多需要查核的事實之列。

至於一般的社會正義議題，特別是窮人的處境，知識菁英制定種種號稱能幫助窮人的政策，卻不願意把這些政策的實際成果付諸任何實證檢驗，而且經常對其他做實證檢驗的人抱持敵意。凡是權力可及之處，社會正義倡議者經常阻止學者取得相關數據，以對學術機構入學平權行動等政策的影響做實證檢驗。

或許最令人驚訝的是，像窮人的進步這個顯著例子，許多社會正義倡議者都表現得興趣缺缺，或完全不感興趣，因為這種進步不是建立在以社會正義之名推行的各種政策的基礎上。美國黑人在 1960 年代之前的數十年裡實現的顯著進步，他們視而不見；他們在 1960 年代實施社會正義政策之後所遭受的明顯傷害也是如此，其中包括凶殺率的下降趨勢突然逆轉而升，還有非婚生黑人兒童的比例增加三倍。對於那些尋求社會福利補助的母親來說，政府的政策居然讓父親成為一種不利因素。

譴責紐約市菁英公立高中入學考試要求的社會正義倡議者沒有注意到一個事實：在黑人社區的小學和國中被社會正義倡議者支持的政策毀掉之前，黑人學生過去在這些高中的入學率要高得多。1938 年，從菁英高中史岱文森高中（Stuyvesant High School）的黑人畢業生比例幾乎等同於紐約市的黑人人口比例。[78]

直到 1971 年，史岱文森的黑人學生還多於亞洲學生。[79] 1979 年，黑人學生的比例為 12.9％，但在 1995 年下降至 4.8％。[80] 2012 年，史岱文森的黑人學生比例只有 1.2％。[81] 在這三十三年期間，史岱文森高中的黑人學生比例減少到不到過去的十分之一。遺傳學和種族主義這兩個常見的懷疑因素都無法解釋這段期間的變化。至於社會正義倡議者的思想在這一切當中發揮了什麼作用，也不見任何證據顯示他們有深切的反思。

在國際世界以及教育以外的議題上，不幸者的處境提升若是與社會正義議程無關，社會正義願景人士通常也不會對他們表現任何真正的興趣。美國黑人在 1960 年代以前的社會經濟進步速度就是一個典型例子。不過，世人對身處貧困的貧民窟東歐猶太移民、加拿大的日本移民如何興盛發達也同樣缺乏興趣。這兩個群體當前的繁榮都有一套漂亮的說法因應，說他們的成就「得天獨厚」。[82]

二十世紀下半葉，全球各地都有許多民族和地方脫離貧窮的例子，包括香港[83]、新加坡[84]和韓國。[85]印度[86]與中國這兩個大國都在二十世紀最後的二十五年讓數百萬廣大的窮人脫貧。[87]這些地方全都有一個共同點：它們都是在政府放鬆經濟的微觀管理之後開始脫貧，這對由共產黨執政的中國來說，尤其諷刺。

社會正義倡議者理應關心窮人的命運，但說來奇怪，他們似乎很少關注窮人以急劇的速度與廣大的規模脫貧的地方。由此浮現至少一個問題：在社會正義倡議者的心目中，位居優先的究竟是窮人本身，還是他們自己對世界的願景以及在這裡願景裡所扮演的角色。

我們當中，不追尋社會正義願景及其議程的人又該當如何？最起碼，我們可以把注意力從言詞轉向生活的現實狀況。正如偉大的最高法院大法官霍姆斯所言：「去思考事物，而不是言語。」[88]今日，蒐集事實、而不是吶喊口號尤其重要。事實不只包括當前的事實，也包括其他人過去所作所為的大量事實——成功的、失敗的都要看。誠如英國著名的歷史學家保羅·強森（Paul Johnson）所言：

歷史研究是當代傲慢的強力解藥。那些在我們看來新鮮奇巧又頭頭是道的花俏假設，有多少個在經過檢驗之後——檢驗不是一次，而是多次，而且有無數的形式，結果發現它們全盤錯誤，而且人類為此付出了昂貴的代價——這時，我們才會感到無地自容。[89]

注釋

引言

1. Alan Greenspan, *The Age of Turbulence: Adventures in a New World* (New York: Penguin Press, 2007), p. 95.

第 1 章　機會均等悖論

1. Jean-Jacques Rousseau, *A Discourse on Inequality*, translated by Maurice Cranston (London: Penguin Books, 1984), p. 57.

2. Sam McCaig, "Where in the World Do NHL Players Come From?" *Sports Illustrated* (online), October 14, 2018; Helene Elliott, "California Hockey Has Come So Far," *Los Angeles Times*, September 6, 2020, p. D6; The Economist, *Pocket World in Figures: 2022 Edition* (London: Profile Books, 2021), pp. 14, 214; Shawn Hubler, "California's Population Dips During Tumultuous 2020," *New York Times*, May 8, 2021, p. A17.

3. Charles Issawi, "The Transformation of the Economic Position of the *Millets* in the Nineteenth Century," *Christians and Jews in the Ottoman Empire: The Functioning of a Plural Society, Vol. I: The Central Lands*, edited by Benjamin Braude and Bernard Lewis (New

York: Holmes and Meier, 1982), pp. 262–263.

4. Yuan-Li Wu and Chun-Hsi Wu, *Economic Development in Southeast Asia: The Chinese Dimension* (Stanford: Hoover Institution Press, 1980), p. 51

5. Jean Roche, *La Colonisation Allemande et le Rio Grande do Sul* (Paris: Institut Des Hautes Études de L'Amérique Latine, 1959), pp. 388–389.

6. R. Bayly Winder, "The Lebanese in West Africa," *Comparative Studies in Society and History*, Vol. IV, Issue 3 (April 1962), p. 309.

7. Jonathan I. Israel, *European Jewry in the Age of Mercantilism 1550–1750* (Oxford: Clarendon Press, 1985), p. 139.

8. Robert F. Foerster, *The Italian Emigration of Our Times* (New York: Arno Press, 1969), pp. 254–259, 261.

9. Haraprasad Chattopadhyaya, *Indians in Africa: A Socio-Economic Study* (Calcutta: Bookland Private Limited, 1970), p. 394.

10. Andrew Gibb, Glasgow: *The Making of a City* (London: Croom Helm, 1983), p. 116; Bruce Lenman, *An Economic History of Modern Scotland, 1660–1976* (London: B.T. Batsford, 1977), p. 180.

11. Amy Chua, *World on Fire: How Exporting Free Market Democracy Breeds Ethnic Hatred and Global Instability* (New York: Doubleday, 2003), p. 108.

12. Myron Weiner, *Sons of the Soil: Migration and Ethnic Conflict in India* (Princeton: Princeton University Press, 1978), pp. 102–104.

13. See, for example, Andrew D. Mellinger, Jeffrey D. Sachs, and John L. Gallup, "Climate, Coastal Proximity, and Development," *The Oxford Handbook of Economic Geography*, edited by Gordon L. Clark, Maryann P. Feldman, and Meric S. Gertler (Oxford: Oxford University Press, 2000); Ellen Churchill Semple, *Influences of Geographic Environment* (New York: Henry Holt and Company,

1911); Thomas Sowell, Wealth, *Poverty and Politics*, revised and enlarged edition (New York: Basic Books, 2016), 3–5, 8–10, 13–83.

14. Caryn E. Neumann, "Beer," *Germany and the Americas: Culture, Politics, and History*, edited by Thomas Adam (Santa Barbara, California: ABC-CLIO, 2005), Volume I, pp. 130–133.

15. Jim Mann, "Tsingtao Beer: Bottling Profits for China," *Los Angeles Times*, October 12, 1986, pp. F1, F7.

16. Robert F. Foerster, *The Italian Emigration of Our Times*, p. 261.

17. "Brazilian Beverage Market Is Evolving," *Brazilian Bulletin*, January 1975, p. 6.

18. Jürgen Tampke, *The Germans in Australia* (New York: Cambridge University Press, 2006), p. 101.

19. Marc Helmond, *Total Revenue Management (TRM): Case Studies, Best Practices and Industry Insights* (Cham, Switzerland: Springer, 2020), p. 167.

20. Horst Dornbusch, "Bavaria," *The Oxford Companion to Beer*, edited by Garrett Oliver (New York: Oxford University Press, 2012), p. 104.

21. Ulrich Bonnell Phillips, *The Slave Economy of the Old South: Selected Essays in Economic and Social History* (Baton Rouge: Louisiana State University Press, 1968), p. 269.

22. See, for example, Thomas Sowell, *Migrations and Cultures: A World View* (New York: Basic Books, 1996), pp. 2, 150, 153, 158, 164, 166, 176, 192, 207, 211, 218–219, 284–285, 289–290, 307, 312, 345, 353, 367.

23. For documented examples, see Thomas Sowell, *Wealth, Poverty and Politics*, revised and enlarged edition, pp. 396–402.

24. "Degrees Conferred, by Level, Discipline, and Gender, 2018–19," *Chronicle of Higher Education* (Almanac 2021–2022), August 20,

2021, p. 43.

25. Ibid.

26. See Diana Furchtgott-Roth, Women's Figures: An Illustrated Guide to the Economic Progress of Women In America, 2012 edition (Washington: AEI Press, 2012). See also Thomas Sowell, Economic Facts and Fallacies, second edition (New York: Basic Books, 2015), Chapter 3 and Thomas Sowell, *Affirmative Action Reconsidered: Was It Necessary in Academia?* (Washington: AEI Press, 1975), pp. 23–27.

27. Jessica Semega, Melissa Kollar, Emily A. Shrider, and John F. Creamer, "Income and Poverty in the United States: 2019," *Current Population Reports*, P60–270 (RV) (Washington: U.S. Government Printing Office, 2020 and 2021), pp. 11, 51.

28. Bureau of Labor Statistics, "Who Chooses Part-Time Work and Why?" *Monthly Labor Review*, March 2018, pp. 5–7. See also Thomas Sowell, *Economic Facts and Fallacies*, second edition, pp. 61, 69, 72, 74, 82–83, 89 and Thomas Sowell, Affirmative Action Reconsidered, pp. 23, 24. See also Diana Furchtgott-Roth, *Women's Figures*, 2012 edition, pp. 17–18.

29. See John Iceland and Ilana Redstone, "The Declining Earnings Gap between Young Women and Men in the United States, 1979–2018," *Social Science Research*, Vol. 92 (November 2020), pp. 1–11; Diana Furchtgott-Roth, *Women's Figures*, 2012 edition, pp. 14, 15, 16, 19; Thomas Sowell, *Affirmative Action Reconsidered*, pp. 28, 31, 32, 33; Warren Farrell, *Why Men Earn More: The Startling Truth Behind the Pay Gap and What Women Can Do About It* (New York: Amacom, 2005), p. xxiii; Anita U. Hattiangadi and Amy M. Habib, *A Closer Look at Comparable Worth*, second edition (Washington: Employment Policy Foundation, 2000), p. 43; Thomas Sowell,

Education: Assumptions versus History (Stanford: Hoover Institution Press, 1986), pp. 95, 97; Laurence C. Baker, "Differences in Earnings Between Male and Female Physicians," *The New England Journal of Medicine*, April 11, 1996, p. 960; Marianne Bertrand and Kevin Hallock, "The Gender Gap in Top Corporate Jobs," *Industrial and Labor Relations Review*, October 2001, p. 17.

30. "The Economic Role of Women," *The Economic Report of the President*, 1973 (Washington, D.C.: U.S. Government Printing Office, 1973), p. 105.

31. Sam Dean and Johana Bhuiyan,"Why are Black and Latino people still kept out of tech industry?" *San Francisco Chronicle*, July 7, 2020, p. C1.

32. U.S. Department of Education, *Digest of Education Statistics 2019*, 55th edition (Washington: National Center of Education Statistics, 2021), p. 345.

33. Ibid. ,p.351.

34. Mohamed Suffian bin Hashim, "Problems and Issues of Higher Education Development in Malaysia," *Development of Higher Education in Southeast Asia: Problems and Issues*, edited by Yip Yat Hoong (Singapore: Regional Institute of Higher Education and Development, 1973), Table 8, pp. 70–71.

35. Donald L. Horowitz, *Ethnic Groups in Conflict* (Berkeley: University of California Press, 1985), p. 677; Myron Weiner, "The Pursuit of Ethnic Equality Through Preferential Policies: A Comparative Public Policy Perspective," *From Independence to Statehood*, edited by Robert B. Goldmann and A. Jeyaratnam Wilson (London: Frances Pinter, 1984), p. 64; Cynthia H. Enloe, *Police, Military and Ethnicity: Foundations of State Power* (New Brunswick: Transaction Books, 1980), p. 143.

36. Fernand Braudel, *A History of Civilizations, translated by Richard Mayne* (New York: The Penguin Press, 1994), p. 17.

37. James Oliphant, "Faith's Role In Picking a New Justice," *Los Angeles Times*, April 22, 2010, p. A11; Peter Baker, "Kagan Is Sworn In as the Fourth Woman, and 112th Justice, on the Supreme Court," *New York Times*, August 8, 2010, pp. 1, 13; Julie Zauzmer, "Back Home, Supreme Court Nominee Is Active in a Liberal Episcopalian Church," *Washington Post*, February 4, 2017, p. B2; Julie Hirschfeld Davis, "In Highlight for President, Gorsuch Is Sworn In as Court's 113th Justice," *New York Times*, April 11, 2017, p. A19. This was by no means the only statistical disparity among the Justices. For 11 consecutive years, every Justice of the Supreme Court had a law degree from one of just 3 Ivy League law schools—Harvard, Yale and Columbia. Peter Baker, "Kagan Is Sworn In as the Fourth Woman, and 112th Justice, on the Supreme Court," *New York Times*, August 8, 2010, pp. 1, 13; William Wan, "The High Court's Ivy League Problem," *Washington Post*, July 13, 2018, p. A4; Nicholas Fandos, "Barrett Sworn In to Supreme Court After 52–48 Vote," *New York Times*, October 27, 2020, p. A1.

38. Aleksandra Sandstrom, "Faith on the Hill: The Religious Composition of the 116th Congress," Pew Research Center, January 3, 2019, p. 3.

39. Thomas Sowell, "New Light on Black I.Q.," *New York Times*, March 27, 1977, Sunday magazine section, pp. 56–58, 60, 62; Thomas Sowell, *Intellectuals and Society*, revised and enlarged edition (New York: Basic Books, 2011), Chapter 17.

40. Ana Amélia Freitas-Vilela, et al., "Maternal Dietary Patterns During Pregnancy and Intelligence Quotients in the Offspring at 8 Years of Age: Findings from the ALSPAC Cohort," *Maternal &*

Child Nutrition, Vol. 14, Issue 1 (January 2018), pp. 1–11; Ingrid B. Helland, et al., "Maternal Supplementation with Very-Long-Chain n-3 Fatty Acids During Pregnancy and Lactation Augments Children's IQ at 4 Years of Age," *Pediatrics*, Vol. 111, No. 1 (January 2003), pp. e39–e44.

41. See, for example, Helene McNulty, et al., "Effect of Continued Folic Acid Supplementation beyond the First Trimester of Pregnancy on Cognitive Performance in the Child: A Follow-up Study from a Randomized Controlled Trial (FASSTT Offspring Trial)," *BMC Medicine*, Volume 17 (2019), pp. 1–11; Aoife Caffrey, et al., "Effects of Maternal Folic Acid Supplementation During the Second and Third Trimesters of Pregnancy on Neurocognitive Development in the Child: An 11-Year Follow-up from a Randomised Controlled Trial," *BMC Medicine*, Volume 19 (2021), pp. 1–13; Ann P. Streissguth, Helen M. Barr, and Paul D. Sampson, "Moderate Prenatal Alcohol Exposure: Effects on Child IQ and Learning Problems at Age 7 1/2 Years," *Alcoholism: Clinical and Experimental Research*, Volume 14, No. 5 (September/October 1990), pp. 662–669; Ernest L. Abel and Robert J. Sokol, "Incidence of Fetal Alcohol Syndrome and Economic Impact of FAS-Related Anomalies," *Drug and Alcohol Dependence*, Volume 19, Issue 1 (January 1987), pp. 51–70; Johann K. Eberhart and Scott E. Parnell, "The Genetics of Fetal Alcohol Spectrum Disorders," *Alcoholism: Clinical and Experimental Research*, Volume 40, Issue 6 (June 2016), pp. 1154–1165; Edward P. Riley, M. Alejandra Infante, and Kenneth R. Warren, "Fetal Alcohol Spectrum Disorders: An Overview," *Neuropsychology Review*, Volume 21, Issue 2 (June 2011), pp. 73–80.

42. Julia M. Rohrer, Boris Egloff, and Stefan C. Schmukle, "Examining

the Effects of Birth Order on Personality," *Proceedings of the National Academy of Sciences*, Vol. 112, No. 46 (November 17, 2015), p. 14225; Lillian Belmont and Francis A. Marolla, "Birth Order, Family Size, and Intelligence," *Science*, Vol. 182, No. 4117 (December 14, 1973), p. 1098; Sandra E. Black, Paul J. Devereux and Kjell G. Salvanes, "Older and Wiser? Birth Order and IQ of Young Men," *CESifo Economic Studies*, Vol. 57, 1/2011, pp. 109, 112, 116.

43. Alison L. Booth and Hiau Joo Kee, "Birth Order Matters: The Effect of Family Size and Birth Order on Educational Attainment," *Journal of Population Economics*, Vol. 22, No. 2 (April 2009), p. 377.

44. Philip S. Very and Richard W. Prull, "Birth Order, Personality Development, and the Choice of Law as a Profession," *Journal of Genetic Psychology*, Vol. 116, No. 2 (June 1, 1970), pp. 219–221; Richard L. Zweigenhaft, "Birth Order, Approval-Seeking and Membership in Congress," *Journal of Individual Psychology*, Vol. 31, No. 2 (November 1975), p. 208; William D. Altus, "Birth Order and Its Sequelae," *Science*, Vol. 151 (January 7, 1966), pp. 44–49.

45. William D. Altus, "Birth Order and Its Sequelae," *Science*, Vol. 151 (January 7, 1966), p. 45.

46. Jere R. Behrman and Paul Taubman, "Birth Order, Schooling, and Earnings," *Journal of Labor Economics*, Vol. 4, No. 3, Part 2: The Family and the Distribution of Economic Rewards (July 1986), p. S136; *Astronauts and Cosmonauts: Biographical and Statistical Data*, Revised August 31, 1993, Report Prepared by the Congressional Research Service, Library of Congress, Transmitted to the Committee on Science, Space, and Technology, U.S. House of Representatives, One Hundred Third Congress, Second Session, March 1994 (Washington: U.S. Government Printing Office,

1994), p. 19; Daniel S. P. Schubert, Mazie E. Wagner, and Herman J. P. Schubert, "Family Constellation and Creativity: Firstborn Predominance Among Classical Music Composers," *The Journal of Psychology*, Vol. 95, No. 1 (1977), pp. 147–149; Robert J. Gary-Bobo, Ana Prieto and Natalie Picard, "Birth Order and Sibship Sex Composition as Instruments in the Study of Education and Earnings," Discussion Paper No. 5514 (February 2006), Centre for Economic Policy Research, London, p. 22.

47. Amy L. Anderson, "Individual and Contextual Influences on Delinquency: The Role of the Single-Parent Family," *Journal of Criminal Justice*, Volume 30 (2002), pp. 575–587; Kathleen M. Ziol-Guest, Greg J. Duncan, and Ariel Kalil, "One-Parent Students Leave School Earlier," *Education Next*, Spring 2015, pp. 37–41; Nick Spencer, "Does Material Disadvantage Explain the Increased Risk of Adverse Health, Educational, and Behavioural Outcomes Among Children in Lone Parent Households in Britain? A Cross Sectional Study," *Journal of Epidemiology and Community Health*, Volume 59 (2005), pp. 152–157; James Bartholomew, *The Welfare State We're In* (London: Politico's, 2006), revised edition, pp. 275, 276, 278.

48. Maggie Gallagher, "Fatherless Boys Grow Up Into Dangerous Men," *Wall Street Journal*, December 1, 1998, p. A22; Dewey G. Cornell, Elissa P. Benedek, and David M. Benedek, "Characteristics of Adolescents Charged with Homicide: Review of 72 Cases," *Behavioral Sciences & the Law*, Vol. 5, No. 1 (1987), pp. 13, 14; Stephen Baskerville, "Is There Really a Fatherhood Crisis?" *The Independent Review*, Volume 8, No. 4 (Spring 2004), pp. 485–486; Delphine Theobald, David P. Farrington, and Alex Piquero, "Childhood Broken Homes and Adult Violence: An Analysis of Moderators and Mediators," *Journal of Criminal Justice*, Volume 41 (2013), pp. 44–45, 47–50.

49. Stephen Baskerville, "Is There Really a Fatherhood Crisis?" *The Independent Review*, Volume 8, No. 4 (Spring 2004), p. 485.

50. "Boys with Absentee Dads Twice as Likely to be Jailed," *Washington Post*, August 21, 1998, p. A3.

51. Bruce J. Ellis, John E. Bates, Kenneth A. Dodge, David M. Fergusson, L. John Horwood, Gregory S. Pettit, and Lianne Woodward, "Does Father Absence Place Daughters at Special Risk for Early Sexual Activity and Teenage Pregnancy?" *Child Development*, Vol. 74, No. 3 (May-June 2003), pp. 801–821; Stephen Baskerville, "Is There Really a Fatherhood Crisis?" *The Independent Review*, Volume 8, No. 4 (Spring 2004), p. 485; James Bartholomew, *The Welfare State We're In*, revised edition, p. 276.

52. See, for example, Theodore Dalrymple, *Life at the Bottom: The Worldview That Makes the Underclass* (Chicago: Ivan R. Dee, 2001), p. viii; James Bartholomew, The Welfare State We're In, revised edition, pp. 275, 276, 278.

53. See, for example, Theodore Dalrymple, *Life at the Bottom*; James Bartholomew, *The Welfare State We're In*, revised edition, Chapters 4 and 6.

54. "Choose Your Parents Wisely," *The Economist*, July 26, 2014, p. 22; Betty Hart and Todd R. Risley, Meaningful Differences in the Everyday Experience of Young American Children (Baltimore: Paul H. Brookes Publishing Co., 1995), pp. 123–124, 125–126, 128, 198–199, 247.

55. U.S. Bureau of the Census, "Selected Population Profile in the United States," *2019 American Community Survey*, 1-Year Estimates, Table S0201.

56. U.S. Bureau of the Census, "Age—All People (Both Sexes Combined) by Median and Mean Income: 1974 to 2020," *Current*

Population Survey, 1975–2021, Annual Social and Economic Supplements (CPS ASEC), Table P–10.

57. The Economist, *Pocket World in Figures: 2022 Edition*, p. 18.

58. Roy E. H. Mellor and E. Alistair Smith, *Europe: A Geographical Survey of the Continent* (New York: Columbia University Press, 1979), p. 3; Antony R. Orme, "Coastal Environments," *The Physical Geography of Africa*, edited by William M. Adams, Andrew S. Goudie, and Antony R. Orme (Oxford: Oxford University Press, 1996), p. 238; Encyclopaedia Britannica, *Britannica Concise Encyclopedia,* revised and expanded edition (Chicago: Encyclopaedia Britannica, 2006), p. 643.

59. Roy E. H. Mellor and E. Alistair Smith, *Europe*, p. 3.

60. Ibid.

61. Adam Smith, *An Inquiry Into the Nature and Causes of the Wealth of Nations* (New York: Modern Library, 1937), pp. 20–21.

62. Adam Smith, *The Theory of Moral Sentiments* (Indianapolis: Liberty Classics, 1976), p. 337.

63. See, for example, William A. Hance, *The Geography of Modern Africa* (New York: Columbia University Press, 1964), pp. 3–6, 12–19, 32–33; Fernand Braudel, *A History of Civilizations*, translated by Richard Mayne, pp. 117–126; David E. Bloom, Jeffrey D. Sachs, Paul Collier, and Christopher Udry, "Geography, Demography, and Economic Growth in Africa," *Brookings Papers on Economic Activity*, Vol. 1998, No. 2 (1998), pp. 207–273. See also Thomas Sowell, *Conquests and Cultures: An International History* (New York: Basic Books, 1998), pp. 99–109.

64. Fernand Braudel, *A History of Civilizations*, translated by Richard Mayne, p. 120.

65. A. H. M. Jones, *The Later Roman Empire 284–602: A Social and*

Administrative Survey (Norman: University of Oklahoma Press, 1964), Volume 2, pp. 841–842.

66. Ellen Churchill Semple, *The Geography of the Mediterranean Region: Its Relation to Ancient History* (New York: Henry Holt and Company, 1931), p. 5.

67. Ellen Churchill Semple, *Influences of Geographic Environment*, p. 280.

68. Ibid.

69. Andrew D. Mellinger, Jeffrey D. Sachs, and John L. Gallup, "Climate, Coastal Proximity, and Development," *The Oxford Handbook of Economic Geography*, edited by Gordon L. Clark, Maryann P. Feldman, and Meric S. Gertler, pp. 169, 177–179, 182. Note especially the world map on page 178.

70. See, for example, Frederick R. Troeh and Louis M. Thompson, *Soils and Soil Fertility*, sixth edition (Ames, Iowa: Blackwell, 2005), p. 330; Xiaobing Liu, et al., "Overview of Mollisols in the World: Distribution, Land Use and Management," *Canadian Journal of Soil Science*, Vol. 92 (2012), pp. 383–402; Darrell Hess, *McKnight's Physical Geography: A Landscape Appreciation*, eleventh edition (Upper Saddle River, New Jersey: Pearson Education, Inc., 2014), pp. 362–363.

71. Charles Murray, *Human Accomplishment: The Pursuit of Excellence in the Arts and Sciences*, 800 B.C. to 1950 (New York: Harper Collins, 2003), pp. 355–361.

72. Andrew D. Mellinger, Jeffrey D. Sachs, and John L. Gallup, "Climate, Coastal Proximity, and Development," *The Oxford Handbook of Economic Geography*, edited by Gordon L. Clark, Maryann P. Feldman, and Meric S. Gertler, pp. 169, 180, 181.

73. Ibid., pp. 178, 179, 182, 183.

74. Robert J. Sharer, *The Ancient Maya*, fifth edition (Stanford: Stanford University Press, 1994), p. 455.

75. Jared Diamond, *Guns, Germs, and Steel: The Fates of Human Societies* (New York: W. W. Norton, 1997), p. 352.

76. David S. Landes, *The Wealth and Poverty of Nations: Why Some Are So Rich and Some So Poor* (New York: W. W. Norton & Company, 1998), pp. 4–5.

77. Ibid., p. 6.

78. See, for example, Paul Robert Magosci, *A History of Ukraine* (Seattle: University of Washington Press, 1996), p. 6; Tony Judt, *Postwar: A History of Europe Since 1945* (New York: Penguin Books, 2006), p. 648; Peter Duffy, "75 Years Later, Survivor Helps Commemorate Ukrainian Famine," *New York Times*, December 19, 2007, p. B3; Will Horner and Kirk Maltais, "Ukraine Tensions Drive Up Wheat Prices," *Wall Street Journal*, February 1, 2022, p. B11.

79. See, for example, Thomas Sowell, *Economic Facts and Fallacies*, second edition, Chapter 3. See also Diana Furchtgott-Roth, *Women's Figures*, 2012 edition.

80. "The World's Least Honest Cities," *The Telegraph.UK*, September 25, 2013.

81. Eric Felten, "Finders Keepers?" *Reader's Digest*, April 2001, pp. 102–107.

82. See Raymond Fisman and Edward Miguel, "Cultures of Corruption: Evidence from Diplomatic Parking Tickets," Working Paper 12312, National Bureau of Economic Research, June 2006, Table 1, pp. 19–22.

83. John Stuart Mill, *Collected Works of John Stuart Mill, Vol. III: Principles of Political Economy with Some of Their Applications to Social Philosophy*, edited by J.M. Robson (Toronto: University of

Toronto Press, 1965), p. 882.

84. John P. McKay, *Pioneers for Profit: Foreign Entrepreneurship and Russian Industrialization 1885–1913* (Chicago: University of Chicago Press, 1970), pp. 176, 187; Linda M. Randall, *Reluctant Capitalists: Russia's Journey Through Market Transition* (New York: Routledge, 2001), pp. 56–57; Raghuram G. Rajan and Luigi Zingales, *Saving Capitalism from the Capitalists* (Princeton: Princeton University Press, 2004), p. 57; Bryon MacWilliams, "Reports of Bribe-Taking at Russian Universities Have Increased, Authorities Say," *The Chronicle of Higher Education*, April 18, 2002 (online); Transparency International, Transparency International Corruption Perceptions Index 2021 (Berlin: Transparency International Secretariat, 2022), pp. 2–3.

85. Karl Stumpp, *The German-Russians: Two Centuries of Pioneering* (Bonn: Edition Atlantic-Forum, 1967), p. 68.

86. Gurcharan Das, *India Unbound: The Social and Economic Revolution from Independence to the Global Information Age* (New York: Alfred A. Knopf, 2001), p. 143. For information on the overseas Chinese merchants, see Clifton A. Barton, "Trust and Credit: Some Observations Regarding Business Strategies of Ethnic Chinese Traders in South Vietnam," and Janet T. Landa, "The Political Economy of the Ethnically Homogenous Chinese Middleman Group in Southeast Asia: Ethnicity and Entrepreneurship in a Plural Society," in *The Chinese in Southeast Asia*, Volume 1: *Ethnicity and Economic Activity*, edited by Linda Y. C. Lim and L. A. Peter Gosling (Singapore: Mazuren Asia, 1983), pp. 53, 90.

87. Renée Rose Shield, *Diamond Stories: Enduring Change on 47th Street* (Ithaca, New York: Cornell University Press, 2002), Chapter 5.

88. Eric J. Evans, *The Shaping of Modern Britain: Identity, Industry and*

Empire, 1780–1914 (New York: Longman, 2011), p. 136.

89. Brian Murdoch, "Introduction," *German Literature of the Early Middle Ages*, edited by Brian Murdoch (Rochester, New York: Camden House, 2004), Volume 2, p. 10; Samantha Zacher, "Introduction to Medieval Literature," *A Companion to British Literature*, Volume I: *Medieval Literature 700–1450*, edited by Robert DeMaria, Jr., Heesok Chang, and Samantha Zacher (West Sussex, United Kingdom: Wiley-Blackwell, 2014), p. xxxv; Jean W. Sedlar, *East Central Europe in the Middle Ages, 1000–1500* (Seattle: University of Washington Press, 1994), pp. 440, 447, 449.

90. Gordon East, "The Concept and Political Status of the Shatter Zone," *Geographical Essays on Eastern Europe*, edited by Norman J. G. Pounds (Bloomington: Indiana University Press, 1961), p. 14.

91. Steven Pinker, *The Better Angels of Our Nature: Why Violence Has Declined* (New York: Viking, 2011), pp. 85–87.

92. David S. Landes, *The Wealth and Poverty of Nations*, p. 250.

93. Carlo M. Cipolla, *Literacy and Development in the West* (Baltimore: Penguin Books, 1969), pp. 16, 17.

94. See, for example, N. J. G. Pounds, *An Historical Geography of Europe* (Cambridge: Cambridge University Press, 1990); Charles Murray, *Human Accomplishment*, pp. 295–303.

95. Bernard Nkemdirim, "Social Change and the Genesis of Political Conflict in Nigeria," *Civilisations*, Vol. 25, Nos. 1–2 (1975), p. 94.

96. Thomas Sowell, *Affirmative Action Around the World: An Empirical Study* (New Haven: Yale University Press, 2004), p. 100; Amy Chua, *World on Fire*, pp. 108, 109.

97. Charles O. Hucker, *China's Imperial Past: An Introduction to Chinese History and Culture* (Stanford: Stanford University Press, 1975), p. 65; Jacques Gernet, *A History of Chinese Civilization*,

translated by J. R. Foster (New York: Cambridge University Press, 1985), pp. 69, 138, 140.

98. Jacques Gernet, *A History of Chinese Civilization*, translated by J. R. Foster, pp. 288, 333–336.

第 2 章　種族歧視悖論

1. Madison Grant, *The Passing of the Great Race or the Racial Basis of European History*, revised edition (New York: Charles Scribner's Sons, 1918), p. 100.

2. U.S. Bureau of the Census, "The Social and Economic Status of the Black Population in the United States: An Historical View, 1790–1978," *Current Population Reports*, Series P–23, No. 80 (Washington: Bureau of the Census, no date), p. 31; U.S. Bureau of the Census, "Race and Hispanic Origin of Householder—Families by Median and Mean Income: 1947 to 2021," *Current Population Survey, 1948–2022*, Annual Social and Economic Supplements (CPS ASEC), Table F–5.

3. U.S. Bureau of the Census, "Selected Population Profile in the United States," *2019 American Community Survey*, 1-Year Estimates, Table S0201.

4. Ibid.

5. Ibid.

6. Ibid.

7. U.S. Bureau of the Census, "Selected Characteristics of People 15 Years Old and Over by Total Money Income in 2020, Work Experience in 2020, Race, Hispanic Origin, and Sex," *Current Population Survey, 2021*, Annual Social and Economic Supplement (CPS ASEC), Table PINC–01.

8. A study by the Federal Reserve Bank of St. Louis found that 2

percent of black families were millionaires. (Ana Hernández Kent and Lowell R. Ricketts, "Wealth Gaps between White, Black and Hispanic Families in 2019," Federal Reserve Bank of St. Louis, January 5, 2021.) Census data show that there were more than ten million black families. This means that there were thousands of black millionaire families. U.S. Bureau of the Census, "Family Groups: 2020," *Current Population Survey, 2020*, Annual Social and Economic Supplement, Table FG10.

9. "A League of Their Own," *Forbes*, June/July 2022, p. 21; "Forbes 400," *Forbes*, October 2020, p. 104.

10. Emily A. Shrider, Melissa Kollar, Frances Chen and Jessica Semega, "Income and Poverty in the United States: 2020," *Current Population Reports*, P60–273 (Washington: U.S. Government Publishing Office, 2021), pp. 57–59.

11. U.S. Bureau of the Census, "Poverty Status of Families, by Type of Family, Presence of Related Children, Race, and Hispanic Origin: 1959 to 2020," *Current Population Survey, 1960–2021*, Annual Social and Economic Supplements (CPS ASEC), Table 4; Emily A. Shrider, Melissa Kollar, Frances Chen and Jessica Semega, "Income and Poverty in the United States: 2020," *Current Population Reports*, P60–273, pp. 14, 56.

12. U.S. Bureau of the Census, "Poverty Status of Families, by Type of Family, Presence of Related Children, Race, and Hispanic Origin: 1959 to 2020," *Current Population Survey, 1960–2021*, Annual Social and Economic Supplements (CPS ASEC), Table 4.

13. Ibid.

14. These data from the New York State Education Department are cited in Thomas Sowell, *Charter Schools and Their Enemies* (New York: Basic Books, 2020), pp. 49, 140–187. Such data are available on

the Internet for anyone who wants to compare charter school results with results in the same communities, whether for research purposes or for making choices of places to send their own children.

15. Data from the New York State Education Department are shown in Thomas Sowell, *Charter Schools and Their Enemies*, p. 49.

16. E. Franklin Frazier, "The Impact of Urban Civilization Upon Negro Family Life," *American Sociological Review*, Vol. 2, No. 5 (October 1937), p. 615.

17. Charles Lanman, *Dictionary of the United States Congress* (Washington: Government Printing Office, 1864), p. 537; Grady McWhiney, *Cracker Culture: Celtic Ways in the Old South* (Tuscaloosa: University of Alabama Press, 1988), p. 253.

18. Lewis Cecil Gray, *History of Agriculture in the Southern United States to 1860* (Washington: Carnegie Institution of Washington, 1933), Vol. II, p. 831.

19. Rupert B. Vance, *Human Geography of the South: A Study in Regional Resources and Human Adequacy* (Chapel Hill: University of North Carolina Press, 1932), pp. 167–168, 175.

20. Grady McWhiney, *Cracker Culture*, p. 196.

21. Alexis de Tocqueville, *Democracy in America* (New York: Alfred A. Knopf, 1989), Vol. I, pp. 362–363.

22. Frederick Law Olmsted, *The Cotton Kingdom: A Traveller's Observations on Cotton and Slavery in the American Slave States*, edited by Arthur M. Schlesinger (New York: Alfred A. Knopf, 1953), pp. 12, 64, 65, 87, 90, 147, 327, 391.

23. Robert E. Lee, *Lee's Dispatches: Unpublished Letters of General Robert E. Lee, C.S.A. to Jefferson Davis and the War Department of the Confederate States of America, 1862–65*, edited by Douglas Southall Freeman, New Edition (New York: G.P. Putnam's Sons,

1957), p. 8.

24. Hinton Rowan Helper, *The Impending Crisis of the South: How to Meet It*, enlarged edition (New York: A. B. Burdick, 1860), pp. 40, 41, 44, 381.

25. Ulrich Bonnell Phillips, *The Slave Economy of the Old South: Selected Essays in Economic and Social History*, edited by Eugene D. Genovese (Baton Rouge: Louisiana State University Press, 1968), p. 107.

26. Rupert B. Vance, *Human Geography of the South*, pp. 148, 168, 304.

27. U.S. Bureau of the Census, "Total Population," *2011–2015 American Community Survey*, 5-Year Estimates, Table B01003; U.S. Bureau of the Census, "Median Household Income in the Past 12 Months (In 2015 Inflation-Adjusted Dollars)," *2011–2015 American Community Survey*, 5-Year Estimates, Table B19013.

28. Brett Barrouquere and Dylan T. Lovan, "Kentucky County Feels Food Stamp Reductions Sharply," *Washington Post*, February 2, 2014, p. A5.

29. See the data from the following publications: U.S. Bureau of the Census, Per Capita Income, Median Family Income, and Low Income Status in 1969 for States, Standard Metropolitan Statistical Areas, and Counties: 1970 (Washington: U.S. Government Printing Office, 1974), pp. 7, 83; U.S. Bureau of the Census, County and City Data Book, 1972 (Washington: U.S. Government Printing Office, 1973), pp. 19, 186, 189, 198, 201; U.S. Bureau of the Census, County and City Data Book, 1983 (Washington: U.S. Government Printing Office, 1983), pp. 26, 214, 222, 228, 236; U.S. Bureau of the Census, 1980 Census of Population, Volume 1: General Social and Economic Characteristics, Part 1, United States Summary, PC80–1–C1 (Washington: U.S. Government Printing Office, 1983),

p. 1–10t; U.S. Bureau of the Census, County and City Data Book: 1994 (Washington: U.S. Government Printing Office, 1994), pp. 23, 214, 219, 228, 233; U.S. Bureau of the Census, 1990 Census of Population: Social and Economic Characteristics, United States, 1990 CP–2–1 (Washington: U.S. Government Printing Office, 1993), p. 48; U.S. Bureau of the Census, County and City Data Book: 2000 (Washington: U.S. Government Printing Office, 2001), pp. 33, 34, 81, 82, 210, 225, 226; U.S. Bureau of the Census, "Money Income in the United States: 1997 (With Separate Data on Valuation of Noncash Benefits)," Current Population Reports, P60–200 (Washington: U.S. Government Printing Office, 1998), p. vii; U.S. Bureau of the Census, 2020 Poverty and Median Household Income Estimates—Counties, States, and National, Small Area Income and Poverty Estimates (SAIPE) Program, Release date: December 2021; U.S. Bureau of the Census, "QuickFacts" for Clay County, Kentucky and Owsley County, Kentucky, downloaded on January 12, 2023; Emily A. Shrider, Melissa Kollar, Frances Chen and Jessica Semega, "Income and Poverty in the United States: 2020," Current Population Reports, P60–273, p. 27.

30. Annie Lowrey, "Bluegrass-State Blues," *New York Times Magazine*, June 29, 2014, p. 13.

31. U.S. Bureau of the Census, "Selected Characteristics of the Total and Native Populations in the United States," *2010–2014 American Community Survey*, 5-Year Estimates, Table S0601.

32. See the data from the following publications: U.S. Bureau of the Census, Per Capita Income, Median Family Income, and Low Income Status in 1969 for States, Standard Metropolitan Statistical Areas, and Counties: 1970, pp. 7, 83; U.S. Bureau of the Census, County and City Data Book, 1972, pp. 19, 186, 189, 198, 201; U.S.

Bureau of the Census, County and City Data Book, 1983, pp. 26, 214, 222, 228, 236; U.S. Bureau of the Census, 1980 Census of Population, Volume 1: General Social and Economic Characteristics, Part 1, United States Summary, PC80–1–C1, p. 1–10t; U.S. Bureau of the Census, County and City Data Book: 1994, pp. 23, 214, 219, 228, 233; U.S. Bureau of the Census, 1990 Census of Population: Social and Economic Characteristics, United States, 1990 CP–2–1, p. 48; U.S. Bureau of the Census, County and City Data Book: 2000, pp. 33, 34, 81, 82, 210, 225, 226; U.S. Bureau of the Census, "Money Income in the United States: 1997 (With Separate Data on Valuation of Noncash Benefits)," Current Population Reports, P60– 200, p. vii; U.S. Bureau of the Census, 2020 Poverty and Median Household Income Estimates—Counties, States, and National, Small Area Income and Poverty Estimates (SAIPE) Program, Release date: December 2021; U.S. Bureau of the Census, "QuickFacts" for the following counties in Kentucky: Breathitt, Clay, Jackson, Lee, Leslie, and Mogoffin, downloaded on November 15, 2022; Emily A. Shrider, Melissa Kollar, Frances Chen and Jessica Semega, "Income and Poverty in the United States: 2020," Current Population Reports, P60–273, p. 27.

33. Ellen Churchill Semple, *Influences of Geographic Environment* (New York: Henry Holt and Company, 1911), p. 113.

34. Ibid.

35. See, for example, J. R. McNeill, *The Mountains of the Mediterranean World: An Environmental History* (New York: Cambridge University Press, 1992), pp. 27, 44, 46, 104, 110, 142–143; Ellen Churchill Semple, *Influences of Geographic Environment*, pp. 521, 522, 530, 531, 599, 600; Fernand Braudel, *The Mediterranean and the Mediterranean World in the Age of Philip II*, translated by Siân

Reynolds (Berkeley: University of California Press, 1995), Vol. I, pp. 38, 46, 57, 97; Rupert B. Vance, *Human Geography of the South*, pp. 242, 246–247; Edward C. Banfield, *The Moral Basis of a Backward Society* (New York: The Free Press, 1958). See also James N. Gregory, *The Southern Diaspora: How The Great Migrations of Black and White Southerners Transformed America* (Chapel Hill: University of North Carolina Press, 2005), p. 76. A revealing elaboration of the American hillbilly culture was part of a best-selling book by J.D. Vance, *Hillbilly Elegy: A Memoir of a Family and Culture in Crisis* (New York: HarperCollins, 2016).

36. Barack Obama, *Dreams from My Father: A Story of Race and Inheritance* (New York: Crown Publishers, 2004), p. 254.

37. J. Todd Moye, *Freedom Flyers: The Tuskegee Airmen of World War II* (New York: Oxford University Press, 2010), especially p. 13; Martin Weil, "Benjamin O. Davis, Jr., 89, Dies; First Black General in Air Force," *Washington Post*, July 6, 2002, p. B7; "Black Colonel Getting General's Rank," *New York Times*, January 26, 1970, p. 13; Nick Thimmesch, "'Chappie' James: A Remarkable Human Being," *Human Events*, March 18, 1978, p. 218

38. Alexis de Tocqueville, *Democracy in America*, Vol. I, p. 365.

39. Frederick Law Olmsted, *The Cotton Kingdom*, edited by Arthur M. Schlesinger, pp. 476n, 614–622.

40. Hinton Rowan Helper, *The Impending Crisis of the South*, enlarged edition, p. 34.

41. Grady McWhiney, *Cracker Culture*, Chapters 2 and 3; David Hackett Fischer, *Albion's Seed: Four British Folkways in America* (New York: Oxford University Press, 1989), pp. 365–368, 740–743.

42. [Daniel Patrick Moynihan], *The Negro Family: The Case for National Action* (Washington: Government Printing Office, 1965), p.

8. Moynihan was not identified as the author, when this was issued as an anonymous government publication. Only after it became controversial was Moynihan identified as the author.

43. See, for example, the data in Charles Murray, *Coming Apart: The State of White America 1960–2010* (New York: Crown Forum, 2012), p. 160.

44. Ibid.

45. Ibid.; [Daniel Patrick Moynihan], *The Negro Family*, p. 8.

46. Centers for Disease Control and Prevention, U.S. Department of Health and Human Services, "Births: Final Data for 2000," *National Vital Statistics Reports*, Vol. 50, No. 5 (February 12, 2002), Table 19, p. 49.

47. Charles Murray, *Coming Apart*, p. 161.

48. James Bartholomew, *The Welfare of Nations* (Washington: The Cato Institute, 2016), p. 164.

49. Oliver Wendell Holmes, *Collected Legal Papers* (New York: Peter Smith, 1952), pp. 230–231.

50. John Dewey, for example, said of people who disagreed with him over whether the disarmament treaties he favored were as effective in deterring war as a military defense build-up would be that they had "the stupidity of habit-bound minds." John Dewey, "Outlawing Peace by Discussing War," *NewRepublic*, May16, 1928, p. 370. Another prominent early Progressive, Professor Edward A. Ross, author of 28 books, referred to people with different views as "kept" spokesmen for special interests, a "mercenary corps" as contrasted with "us champions of the social welfare." Edward Alsworth Ross, *Seventy Years of It: An Autobiography* (New York: D. Appleton-Century Company, 1936), pp. 97–98. Among later Progressives, Professor Paul Krugman, in his book *Arguing with Zombies* referred

to the "dishonesty," "bad faith" and "zombie" ideas of conservatives. Paul Krugman, *Arguing With Zombies: Economics, Politics and the Fight For a Better Future* (New York: W. W. Norton, 2021), pp. 7–8. In a similar vein, Professor Andrew Hacker simply declared that "conservatives don't really care whether black Americans are happy or unhappy." Andrew Hacker, *Two Nations: Black and White, Separate, Hostile, Unequal* (New York: Charles Scribner's Sons, 1992), p. 51.

51. Madison Grant, a central figure among the early Progressives, said: "There exists to-day a widespread and fatuous belief in the power of environment, as well as of education and opportunity to alter heredity, which arises from the dogma of the brotherhood of man, derived in its turn from the loose thinkers of the French Revolution and their American mimics." Madison Grant, *The Passing of the Great Race or the Racial Basis of European History*, revised edition, p. 16. See also Carl Brigham, *A Study of American Intelligence* (Princeton: Princeton University Press, 1923), pp. xx, xxi, 75–78, 143–147, 154, 189, 190–192, 194, 197, 202, 209–210. See also "Foreword," by Robert M. Yerkes on pages vii–viii; Clarence S. Yoakum and Robert M. Yerkes, *Army Mental Tests* (New York: Henry Holt and Company, 1920), pp. 17, 30; [Robert M. Yerkes,] National Academy of Sciences, *Psychological Examining in the United States Army* (Washington: Government Printing Office, 1921), Vol. XV, Part III, pp. 553, 742, 785, 789, 791.

52. Otto Klineberg, *Race Differences* (New York: Harper & Brothers, 1935), p. 182.

53. James M. McPherson, *The Abolitionist Legacy: From Reconstruction to the NAACP* (Princeton: Princeton University Press, 1975), pp. 165, 172–174.

54. Ibid., pp. 206, 367, 371–372; John Dittmer, *Black Georgia in the Progressive Era: 1900–1920* (Urbana: University of Illinois Press, 1977), p. 115. See also pp. 141–148. James D. Anderson, *The Education of Blacks in the South, 1860–1935* (Chapel Hill: University of North Carolina Press, 2010), pp. 4, 20–23, 94–102.

55. Jason L. Riley, "Philanthropy and Black Education," *City Journal*, Summer 2016, pp. 82, 84, 86.

56. John Dittmer, *Black Georgia in the Progressive Era*, p. 115.

57. Mandel Sherman and Cora B. Key, "The Intelligence of Isolated Mountain Children," *Child Development*, Vol. 3, No. 4 (December 1932), pp. 279, 283. See also Lester R. Wheeler, "A Comparative Study of the Intelligence of East Tennessee Mountain Children," *Journal of Educational Psychology*, Vol. XXXIII, No. 5 (May 1942), pp. 327–328; L. R. Wheeler, "The Intelligence of East Tennessee Mountain Children," *Journal of Educational Psychology*, Volume 23, Issue 5 (May 1932), pp. 361, 363.

58. Philip E. Vernon, *Intelligence and Cultural Environment* (London: Methuen & Co., Ltd., 1969), p. 155.

59. Hugh Gordon, *Mental and Scholastic Tests Among Retarded Children* (London: His Majesty's Stationery Office, 1923), p. 39.

60. Rudolf Pintner, *Intelligence Testing: Methods and Results* (New York: Henry Holt and Company, 1923), p. 352; Rudolph Pintner and Ruth Keller, "Intelligence Tests of Foreign Children," *Journal of Educational Psychology*, Volume 13, No. 4 (1922), pp. 214, 215.

61. Clifford Kirkpatrick, *Intelligence and Immigration* (Baltimore: The Williams & Wilkins Company, 1926), pp. 24, 31, 34.

62. Otto Klineberg, *Race Differences*, pp. 182–183.

63. U.S. Bureau of the Census, "Total Population," *2011–2015 American Community Survey*, 5-Year Estimates, Table B01003; U.S. Bureau of

the Census, "Median Household Income in the Past 12 Months (In 2015 Inflation-Adjusted Dollars)," *2011–2015 American Community Survey*, 5-Year Estimates, Table B19013; U.S. Bureau of the Census, *2020 Poverty and Median Household Income Estimates— Counties, States, and National*, Small Area Income and Poverty Estimates (SAIPE) Program, Release date: December 2021; U.S. Bureau of the Census, "QuickFacts" for the following counties in Kentucky: Breathitt, Clay, Jackson, Lee, Leslie, Mogoffin, and Owsley, downloaded on November 15, 2022 and January 12, 2023; Emily A. Shrider, Melissa Kollar, Frances Chen and Jessica Semega, "Income and Poverty in the United States: 2020," *Current Population Reports*, P60–273, p. 27. See also Brett Barrouquere and Dylan T. Lovan, "Kentucky County Feels Food Stamp Reductions Sharply," *Washington Post*, February 2, 2014, p. A5; Annie Lowrey, "Bluegrass-State Blues," *New York Times Magazine*, June 29, 2014, p. 13.

64. Mandel Sherman and Cora B. Key, "The Intelligence of Isolated Mountain Children," *Child Development*, Vol. 3, No. 4 (December 1932), pp. 279, 283.

65. Lester R. Wheeler, "A Comparative Study of the Intelligence of East Tennessee Mountain Children," *Journal of Educational Psychology*, Vol. XXXIII, No. 5 (May 1942), pp. 327, 328. See also L. R. Wheeler, "The Intelligence of East Tennessee Mountain Children," *Journal of Educational Psychology*, Volume 23, Issue 5 (May 1932), pp. 360, 363. "A study by Lacy, for example, showed that the average I.Q. of colored children dropped steadily from 99 to 87 in the first four school grades, whereas the White I.Q. remained almost stationary." Otto Klineberg, "Mental Testing of Racial and National Groups," *Scientific Aspects of the Race Problem*, edited by Herbert

Spencer Jennings (Washington: Catholic University Press, 1941), p. 280

66. Lester R. Wheeler, "A Comparative Study of the Intelligence of East Tennessee Mountain Children," *Journal of Educational Psychology*, Vol. XXXIII, No. 5 (May 1942), p. 322.

67. Ibid., pp. 327, 328.

68. Ellen Churchill Semple, Influences of Geographic Environment, p.532.

69. See, for example, J. R. McNeill, *The Mountains of the Mediterranean World*, pp. 27, 44, 46, 104, 110, 142–143; Ellen Churchill Semple, Influences of Geographic Environment, pp. 521, 522, 530, 531, 599, 600; Fernand Braudel, The Mediterranean and the Mediterranean World in the Age of Philip II, translated by Siân Reynolds, Vol. I, pp. 38, 46, 57, 97; Rupert B. Vance, Human Geography of the South, pp. 242, 246–247; Edward C. Banfield, The Moral Basis of a Backward Society; J. D. Vance, Hillbilly Elegy. See also James N. Gregory, The Southern Diaspora, p. 76.

70. Sandra Scarr and Richard A. Weinberg, "IQ Test Performance of Black Children Adopted by White Families," *American Psychologist* (October 1976), pp. 726–739

71. Linda O. McMurry, *George Washington Carver: Scientist and Symbol* (New York: Oxford University Press, 1981), pp. 8–9, 12, 13–20.

72. Carl C. Brigham, A Study of American Intelligence, p. 190.

73. H. H. Goddard, "The Binet Tests in Relation to Immigration," *Journal of Psycho-Asthenics*, Vol. 18, No. 2 (December 1913), p. 110.

74. Jonathan Peter Spiro, Defending the Master Race: Conservation, Eugenics, and the Legacy of Madison Grant (Burlington: University of Vermont Press, 2009), p. 98.

75. Thomas C. Leonard, "Eugenics and Economics in the Progressive Era," *Journal of Economic Perspectives*, Vol. 19, No. 4 (Fall 2005), p. 211.

76. Jonathan Peter Spiro, *Defending the Master Race*, p. 99.

77. Edward Alsworth Ross, *The Old World in the New: The Significance of Past and Present Immigration to the American People*(New York: The Century Company, 1914), pp. 285–286.

78. Edward Alsworth Ross, "Who Outbreeds Whom?" *Proceedings of the Third Race Betterment Conference* (Battle Creek, Michigan: Race Betterment Foundation, 1928), p. 77.

79. John L. Gillin, "In Memoriam: Edward Alsworth Ross," *The Midwest Sociologist*, Vol. 14, No. 1 (Fall 1951), p. 18; Howard W. Odum, "Edward Alsworth Ross: 1866–1951," *Social Forces*, Vol. 30, No. 1 (October 1951), p. 126.

80. Edward Alsworth Ross, *Sin and Society: An Analysis of Latter-Day Iniquity* (Boston: Houghton-Mifflin Company, 1907), pp. ix–xi.

81. Julius Weinberg, *Edward Alsworth Ross and the Sociology of Progressivism* (Madison: The State Historical Society of Wisconsin, 1972), p. 136.

82. See, for example, Roscoe Pound, "The Theory of Judicial Decision. III. A Theory of Judicial Decision For Today," *Harvard Law Review*, Vol. 36, No. 8 (June 1923), pp. 940–959; Roscoe Pound, *Law and Morals* (Chapel Hill, North Carolina: The University of North Carolina Press, 1924); Roscoe Pound, *Criminal Justice in The American City—A Summary*, Part VII (Cleveland Foundation, 1922). See also Julius Weinberg, *Edward Alsworth Ross and the Sociology of Progressivism*, pp. 136–137. See also Walter K. Olson, *Schools for Misrule: Legal Academia and an Overlawyered America* (New York: Encounter Books, 2011), pp. 6, 40; Robert Heineman, *Authority*

and the Liberal Tradition: From Hobbes to Rorty (New Brunswick, New Jersey: Transaction Publishers, 1994), second edition, pp. 129–131; James Davids, Erik Gustafson, and Sherena Arrington, *Clashing Worldviews in the U.S. Supreme Court: Rehnquist vs. Blackmun* (Lanham, Maryland: Lexington Books, 2020), pp. 41–42; David M. Rabban, *Law's History: American Legal Thought and the Transatlantic Turn to History* (New York: Cambridge University Press, 2013), pp. 423–471.

83. "Dr. R. T. Ely Dies; Noted Economist," *New York Times*, October 5, 1943, p. 25; See Thomas Sowell, *Intellectuals and Race* (New York: Basic Books, 2013), pp. 31, 33, 34–35.

84. Thomas Sowell, *Intellectuals and Race*, pp. 29, 30, 33, 34, 35; Lawrence J. Rhoades, *A History of the American Sociological Association: 1905–1980* (Washington: American Sociological Association,1980),pp.1, 2, 5; William E. Spellman, "The Economics of Edward Alsworth Ross," *American Journal of Economics and Sociology*, Vol. 38, No. 2 (April 1979), pp. 132–133.

85. Thomas Sowell, *Intellectuals and Race*, pp. 29, 30, 31, 33, 34, 35.

86. Ibid., pp. 29–35.

87. Michael S. Lawlor, *The Economics of Keynes in Historical Context: An Intellectual History of the General Theory* (New York: Palgrave Macmillan, 2006), p. 305n.

88. Thomas Sowell, *Intellectuals and Race*, pp. 24–43.

89. Carl N. Degler, *In Search of Human Nature: The Decline and Revival of Darwinism in American Social Thought* (New York: Oxford University Press, 1991), p. 43; Richard Overy, *The Twilight Years: The Paradox of Britain Between the Wars* (New York: Viking, 2009), pp. 104–105.

90. Thomas C. Leonard, "Eugenics and Economics in the Progressive

Era," *Journal of Economic Perspectives*, Vol. 19, No. 4 (Fall 2005), p. 216.

91. "Obituary: Sir Francis Galton," *Journal of the Royal Statistical Society*, Vol. 74, No. 3 (February 1911), p. 315; Mark H. Haller, *Eugenics: Hereditarian Attitudes in American Thought* (New Brunswick: Rutgers University Press, 1963), p. 11.

92. Richard T. Ely, "The Price of Progress," *Administration*, Vol. III, No. 6 (June 1922), p. 662.

93. Thomas C. Leonard, "Eugenics and Economics in the Progressive Era," *Journal of Economic Perspectives*, Vol. 19, No. 4 (Fall 2005), p. 212.

94. Ibid., p.213.

95. Ibid., p.214.

96. Madison Grant, *The Passing of the Great Race or the Racial Basis of European History*, revised edition, p. xxi.

97. Ibid., p.49.

98. Matthew Pratt Guterl, *The Color of Race in America: 1900–1940* (Cambridge, Massachusetts: Harvard University Press, 2001), p. 67.

99. Sidney Fine, "Richard T. Ely, Forerunner of Progressivism, 1880–1901," *Mississippi Valley Historical Review*, Vol. 37, No. 4 (March 1951), pp. 609, 610.

100. Dr. R. T. Ely Dies; Noted Economist," *New York Times*, October 5, 1943, p. 25; Sidney Fine, "Richard T. Ely, Forerunner of Progressivism, 1880–1901," *Mississippi Valley Historical Review*, Vol. 37, No. 4 (March 1951), pp. 613, 614.

101. Henry C. Taylor, "Richard Theodore Ely: April 13, 1854-October 4, 1943," *The Economic Journal*, Vol. 54, No. 213 (April 1944), p. 137.

102. Thomas C. Leonard, "Eugenics and Economics in the Progressive Era," *Journal of Economic Perspectives*, Vol. 19, No. 4 (Fall 2005),

p. 215.

103. Henry C. Taylor, "Richard Theodore Ely: April 13, 1854-October 4, 1943," *The Economic Journal*, Vol. 54, No. 213 (April 1944), p. 133.

104. Jonah Goldberg, *Liberal Fascism: The Secret History of the American Left from Mussolini to the Politics of Meaning* (New York: Doubleday, 2007), p. 83.

105. Arthur S. Link, *Woodrow Wilson and the Progressive Era: 1910–1917* (New York: Harper & Brothers Publishers, 1954), pp. 64–66; Tom Lewis, *Washington: A History of Our National City* (New York: Basic Books, 2015), pp. 272–275.

106. Lloyd E. Ambrosius, *Woodrow Wilson and American Internationalism* (New York: Cambridge University Press, 2017), p. 80.

107. Larry Walker, "Woodrow Wilson, Progressive Reform, and Public Administration," *Political Science Quarterly*, Vol. 104, No. 3 (Autumn 1989), pp. 512–513; Ronald J. Pestritto, *Woodrow Wilson and the Roots of Modern Liberalism* (Lanham, Maryland: Rowman & Littlefield, 2005), pp. 255, 259, 260; Woodrow Wilson, *The State: Elements of Historical and Practical Politics*, revised edition (Boston: D.C. Heath & Co., Publishers, 1898), p. 625; Woodrow Wilson, *The New Freedom: A Call for the Emancipation of the Generous Energies of a People* (New York: Doubleday, Page & Company, 1913, 1918), pp. 20, 284.

108. Woodrow Wilson, *Congressional Government: A Study in American Politics* (Boston: Houghton Mifflin, 1885), pp. 8, 242–243; Woodrow Wilson, *Constitutional Government in the United States* (New York: Columbia University Press, 1908), pp. 157, 158, 159, 160, 167, 168, 169, 192, 193, 194.

109. Woodrow Wilson, *The New Freedom*, pp. 19, 20, 261, 283, 284, 294.

110. See, for example, Angus Deaton, *The Great Escape: Health, Wealth,*

and the *Origins of Inequality* (Princeton: Princeton University Press, 2013), p. 2. See also Robert A. Dahl and Charles E. Lindblom, *Politics, Economics, and Welfare: Planning and Politico-Economic Systems Resolved into Basic Social Processes* (Chicago: University of Chicago Press, 1976), pp. 29, 36, 49, 425, 518.

111. Edward Alsworth Ross, *Seventy Years of It*, pp. 97–98.

112. Roscoe Pound, "The Need of a Sociological Jurisprudence," *The Green Bag*, October 1907, pp. 614, 615.

113. Jonathan Peter Spiro, *Defending the Master Race*, pp. 6, 10, 17, 22, 23, 28, 31, 32.

114. Ibid., p. 17.

115. Ibid., p. 250.

116. Eligio R. Padilla and Gail E. Wyatt, "The Effects of Intelligence and Achievement Testing on Minority Group Children," *The Psychosocial Development of Minority Group Children*, edited by Gloria Johnson Powell, et al (New York: Brunner/Mazel, Publishers, 1983), p. 418.

117. H. H. Goddard, "The Binet Tests in Relation to Immigration," *Journal of Psycho-Asthenics*, Vol. 18, No. 2 (December 1913), p. 110.

118. N. J. G. Pounds, *An Historical Geography of Europe* (Cambridge: Cambridge University Press, 1990), p. 9.

119. Philip E. Vernon, *Intelligence and Cultural Environment*, pp. 101, 145, 157–158; Mandel Sherman and Cora B. Key, "The Intelligence of Isolated Mountain Children," *Child Development*, Vol. 3, No. 4 (December 1932), p. 284; [Robert M. Yerkes,] National Academy of Sciences, *Psychological Examining in the United States Army*, Vol. XV, Part III, p. 705. See also Thomas Sowell, *Intellectuals and Race*, pp. 67–68.

120. I. M. Stead, *Celtic Art in Britain before the Roman Conquest* (Cambridge,

Massachusetts: Harvard University Press, 1985), p. 4.

121. Luigi Barzini, *The Europeans* (New York: Simon and Schuster, 1983), p. 47.

122. Joel Mokyr, *The Lever of Riches: Technological Creativity and Economic Progress* (New York: Oxford University Press, 1990), pp. 210–211, 214–218.

123. Andrew Tanzer, "The Bamboo Network," *Forbes*, July 8, 1994, p. 139; The Economist, *Pocket World in Figures: 1997 Edition* (London: Profile Books, 1996), p. 14.

124. U.S. Bureau of the Census, "Total Population," *2011–2015 American Community Survey*, 5-Year Estimates, Table B01003; U.S. Bureau of the Census, "Median Household Income in the Past 12 Months (In 2015 Inflation-Adjusted Dollars)," *2011–2015 American Community Survey*, 5-Year Estimates, Table B19013; U.S. Bureau of the Census, *2020 Poverty and Median Household Income Estimates—Counties, States, and National*, Small Area Income and Poverty Estimates (SAIPE) Program, Release date: December 2021; U.S. Bureau of the Census, "QuickFacts" for the following counties in Kentucky: Breathitt, Clay, Jackson, Lee, Leslie, Mogoffin, and Owsley, downloaded on November 15, 2022 and January 12, 2023; Emily A. Shrider, Melissa Kollar, Frances Chen and Jessica Semega, "Income and Poverty in the United States: 2020," *Current Population Reports*, P60–273, p. 27. See also Brett Barrouquere and Dylan T. Lovan, "Kentucky County Feels Food Stamp Reductions Sharply," *Washington Post*, February 2, 2014, p. A5; Annie Lowrey, "Bluegrass-State Blues," *New York Times Magazine*, June 29, 2014, p. 13.

125. Carl C. Brigham, *A Study of American Intelligence*, p. 29.

126. Ibid., p. xx.

127. Carl C. Brigham, "Intelligence Tests of Immigrant Groups," *Psychological Review*, Vol. 37, Issue 2 (March 1930), p. 165.

128. Rudolf Pintner, *Intelligence Testing: Methods and Results*, new edition (New York: Henry Holt and Company, 1931), p. 453; Charles Murray, *Human Accomplishment: The Pursuit of Excellence in the Arts and Sciences, 800 B.C. to 1950* (New York: Harper Collins, 2003), pp. 291, 292; Malcolm Gladwell, "Getting In," *The New Yorker*, October 10, 2005, pp. 80–86.

129. Sandra Scarr and Richard A. Weinberg, "IQ Test Performance of Black Children Adopted by White Families," *American Psychologist* (October 1976), pp. 726, 732, 736.

130. James R. Flynn, "Massive IQ Gains in 14 Nations: What IQ Tests Really Measure," *Psychological Bulletin*, Vol. 101, No. 2 (1987), pp.171–191. See also James R. Flynn, "The Mean IQ of Americans: Massive Gains 1932 to 1978," *Psychological Bulletin*, Vol. 95, No. 1 (1984), pp. 29–51.

131. Since IQ tests were often used to assess the mental level of children—and it would be unrealistic to expect six-year-olds to do as well on these tests as twelve-year-olds, each child's performance is compared to the average performance of children the same age. To do this, each child's raw score on an IQ test was called the child's "mental age." That mental age is then compared to the same child's chronological age by creating a fraction, with the child's mental age divided by that child's chronological age. The resulting quotient is then multiplied by 100, so that the resulting "intelligence quotient" (IQ) can be read as the percentage of the average performance of children the same age. Thus an IQ of 85 means that the individual correctly answered 85 percent of the questions answered by others in the same age bracket, and an IQ of 115 indicates that the individual

correctly answered 15 percent more questions than others in the same age category. For adults, the IQ test score is no longer so directly linked with age but the intelligence quotient of a given individual is compared with that of other adults in general.

132. Lisa H. Trahan, et al., "The Flynn Effect: A Meta-Analysis," *Psychological Bulletin*, Vol. 140, No. 5 (2014), pp. 1332–1360; James R. Flynn, "The Mean IQ of Americans: Massive Gains 1932 to 1978," *Psychological Bulletin*, Vol. 95, No. 1 (1984), pp. 29–51.

133. James R. Flynn, *Where Have All the Liberals Gone? Race, Class, and Ideals in America* (Cambridge: Cambridge University Press, 2008), pp. 72–74.

134. Charles Murray, *Facing Reality: Two Truths About Race in America* (New York: Encounter Books, 2021), p. 38.

135. Gunnar Myrdal, *An American Dilemma: The Negro Problem and Modern Democracy* (New York: Harper & Brothers, 1944), p. 99. Belief that innate mental inferiority of black children had been proved was reported as "a common fallacy" by James B. Conant in 1961. James B. Conant, *Slums and Suburbs: A Commentary on Schools in Metropolitan Areas* (New York: McGraw-Hill, 1961), p. 12.

136. Arthur R. Jensen, *Genetics and Education* (New York: Harper & Row, 1972), pp. 43–44.

137. James R. Flynn, "The Mean IQ of Americans: Massive Gains 1932 to 1978," *Psychological Bulletin*, Vol. 95, No. 1 (1984), pp. 29–51; James R. Flynn, *Where Have All the Liberals Gone?*, pp. 72–74; James R. Flynn, "Massive IQ Gains in 14 Nations: What IQ Tests Really Measure," *Psychological Bulletin*, Vol. 101, No. 2 (1987), pp. 171–191.

138. Rochelle Sharpe, "Losing Ground: In Latest Recession, Only Blacks

Suffered Net Employment Loss," *Wall Street Journal*, September 14, 1993, pp. A1, A12.

139. Glenn B. Canner, et al., "Home Mortgage Disclosure Act: Expanded Data on Residential Lending," *Federal Reserve Bulletin*, November 1991, p. 870; Glenn B. Canner and Dolores S. Smith, "Expanded HMDA Data on Residential Lending: One Year Later," *Federal Reserve Bulletin*, November 1992, p. 808.

140. Board of Governors of the Federal Reserve System, *Report to the Congress on Credit Scoring and Its Effects on the Availability and Affordability of Credit*, submitted to the Congress pursuant to Section 215 of the Fair and Accurate Credit Transactions Act of 2003, August 2007, p. 80.

141. Thomas Sowell, *The Housing Boom and Bust*, revised edition (New York: Basic Books, 2009), pp. 103–104; Alicia H. Munnell, et al., "Mortgage Lending in Boston: Interpreting HMDA Data," Federal Reserve Bank of Boston, Working Paper No. 92–7, October 1992, pp. 2, 25.

142. Thomas Sowell, *The Housing Boom and Bust*, revised edition, pp. 29, 30, 31, 36–44, 48, 51, 72–74, 77, 81–82, 100, 109.

143. Thomas Sowell, "Froth in Frisco or Another Bubble?" *Wall Street Journal*, May 26, 2005, p. A13.

144. Thomas Sowell, *The Housing Boom and Bust*, revised edition, Chapters 3 and 5; Dean Baker, *The Housing Bubble and the Great Recession: Ten Years Later*, Center for Economic and Policy Research, September 2018; Justin Lahart, "The Great Recession: A Downturn Sized Up," *Wall Street Journal*, July 28, 2009, p. A12; "No Place Like Home," *The Economist*, January 18, 2020, special report on housing, p. 3.

145. Bob Zelnick, *Backfire: A Reporter's Look at Affirmative Action*

(Washington: Regnery Publishing, Inc., 1996), p. 330.

146. See the "Dear Colleague Letter" issued by the U.S. Department of Justice and U.S. Department of Education on January 8, 2014.

147. Abigail Thernstrom and Stephan Thernstrom, *No Excuses: Closing the Racial Gap in Learning* (New York: Simon and Schuster, 2004), pp. 138, 139.

148. Ibid., p. 140.

149. The Martin Luther King, Jr. Companion: Quotations from the Speeches, Essays, and Books of Martin Luther King, Jr., selected by Coretta Scott King (New York: St. Martin's Press, 1993), p. 101.

第 3 章　棋子悖論

1. John Rawls, *A Theory of Justice* (Cambridge, Massachusetts: Harvard University Press, 1971), pp. 30–31, 43, 60–61, 302, 325.

2. Adam Smith, *The Theory of Moral Sentiments* (Indianapolis: Liberty Classics, 1976), pp. 380–381.

3. Edmund Burke, *The Writings and Speeches of Edmund Burke, Volume II: Party, Parliament, and the American Crisis 1766–1774*, edited by Paul Langford (New York: Oxford University Press, 1981), p. 459.

4. "Maryland's Mobile Millionaires," *Wall Street Journal*, March 12, 2010, p. A18.

5. "Ducking Higher Taxes," *Wall Street Journal*, December 21, 2010, p. A18.

6. David Walker and Mike Foster, "New U.K. Tax Sends Hedge Funds Fleeing," *Wall Street Journal*, August 25, 2009, p. C2.

7. "Iceland's Laffer Curve," *Wall Street Journal*, March 12, 2007, p. A14.

8. Andrew W. Mellon, *Taxation: The People's Business* (New York:

The Macmillan Company, 1924), p. 74; Robert A. Wilson, "Personal Exemptions and Individual Income Tax Rates, 1913–2002," *Statistics of Income Bulletin*, Spring 2002, p. 219.

9. Robert A. Wilson, "Personal Exemptions and Individual Income Tax Rates, 1913–2002," *Statistics of Income Bulletin*, Spring 2002, p. 219; Gene Smiley and Richard H. Keehn, "Federal Personal Income Tax Policy in the 1920s," *Journal of Economic History, Vol. 55, No. 2* (June 1995), pp. 286, 295; United States Internal Revenue Service, *Statistics of Income: 1920* (Washington: Government Printing Office, 1922), p. 5; United States Internal Revenue Service, *Statistics of Income: 1928* (Washington: Government Printing Office, 1930), p. 5.

10. Andrew W. Mellon, *Taxation*, pp. 13, 79, 80, 94, 127–128, and Chapter VIII.

11. "Text of President's Speech Elaborating His Views," *Washington Post*, February 13, 1924, p. 4; Andrew W. Mellon, *Taxation*, pp. 17, 20–21, 80, 150–151.

12. Andrew W. Mellon, *Taxation*, p. 170.

13. Gene Smiley and Richard H. Keehn, "Federal Personal Income Tax Policy in the 1920s," *Journal of Economic History*, Vol. 55, No. 2 (June 1995), p. 289. See also Andrew W. Mellon, *Taxation*, pp. 79–80, 141.

14. See, for example, my monograph, "'Trickle Down Theory' and 'Tax Cuts for the Rich'" (Stanford: Hoover Institution Press, 2012).

15. Robert A. Wilson, "Personal Exemptions and Individual Income Tax Rates, 1913–2002," *Statistics of Income Bulletin*, Spring 2002, p. 219; United States Internal Revenue Service, *Statistics of Income: 1920*, p. 5; United States Internal Revenue Service, *Statistics of Income: 1928*, p. 5.

16. See, for example, Joseph A. Schumpeter, *History of Economic Analysis* (New York: Oxford University Press, 1954), Part II.

17. Henry Hazlitt, *The Wisdom of Henry Hazlitt* (Irvington-on- Hudson, New York: The Foundation for Economic Education, 1993), p. 329.

18. Peter Robinson, "A Capital Thinker," *Stanford Magazine*, January/February 2007, p. 47.

19. William N. Walker, "Nixon Taught Us How Not to Fight Inflation," *Wall Street Journal*, August 14, 2021, p. A13.

20. Michael Wines, "Caps on Prices Only Deepen Zimbabweans' Misery," *New York Times*, August 2, 2007, pp. A1, A8.

21. See, for example, Robert L. Schuettinger and Eamonn F. Butler, *Forty Centuries of Wage and Price Controls: How Not to Fight Inflation* (Washington: Heritage Foundation, 1979); Thomas Sowell, *Basic Economics: A Common Sense Guide to the Economy*, fifth edition (New York: Basic Books, 2015), Chapter 3.

22. See Thomas Sowell, *Basic Economics*, fifth edition, pp. 1, 39–48, 49.

23. Thomas Sowell, *Discrimination and Disparities*, revised and enlarged edition (New York: Basic Books, 2019), pp. 52–55, 105–110; Thomas Sowell, *Basic Economics*, fifth edition, Chapter 11.

24. Walter E. Williams, *Race & Economics: How Much Can Be Blamed on Discrimination* (Stanford: Hoover Institution Press, 2011), p. 42.

25. Ibid., pp. 42–43.

26. George J. Stigler, "The Economics of Minimum Wage Legislation," *American Economic Review*, Vol. 36, No. 3 (June 1946), p. 358.

27. Walter E. Williams, *Race & Economics*, pp. 42–43.

28. Alison Stewart, *First Class: The Legacy of Dunbar, America's First Black Public High School* (Chicago: Lawrence Hill Books, 2013), Chapter 10; Frederick W. Gooding, Jr., *American Dream Deferred: Back Federal Workers in Washington, DC, 1941–1981* (Pittsburgh:

University of Pittsburgh Press, 2018), pp. 101–105, 107–109, 111, 113–115. See also Thomas Sowell, *A Personal Odyssey* (New York: The Free Press, 2000), p. 110.

29. Milton & Rose Friedman, *Free to Choose: A Personal Statement* (New York: Harcourt Brace Jovanovich, 1980), p. 238.

30. Gary S. Becker, *The Economics of Discrimination*, second edition (Chicago: University of Chicago Press, 1971).

31. See, for example, Thomas Sowell, *Discrimination and Disparities*, revised and enlarged edition, pp. 49–52. The term "Discrimination II," used in those pages, was defined and illustrated on pages 30–33.

32. Bernard E. Anderson, *Negro Employment in Public Utilities: A Study of Racial Policies in the Electric Power, Gas, and Telephone Industries* (Philadelphia: University of Pennsylvania Press, 1970); Venus Green, *Race on the Line: Gender, Labor, and Technology in the Bell System, 1880–1980* (Durham: Duke University Press, 2001), pp. 210–211; Michael R. Winston, "Through the Back Door: Academic Racism and the Negro Scholar in Historical Perspective," *Daedalus, Vol. 100, No. 3* (Summer 1971), pp. 695, 705; Milton & Rose Friedman, *Two Lucky People: Memoirs* (Chicago: University of Chicago Press, 1998), pp. 91–92, 94–95, 105–106, 153–154; Greg Robinson, "Davis, Allison," *Encyclopedia of African-American Culture and History*, edited by Colin A. Palmer (Detroit: Thomson-Gale, 2006), Volume C–F, p. 583; "The Talented Black Scholars Whom No White University Would Hire," *Journal of Blacks in Higher Education*, No. 58 (Winter 2007/2008), p. 81; Thomas Sowell, *Discrimination and Disparities*, revised and enlarged edition, pp. 49–52; Thomas Sowell, *Race and Economics* (New York: David McKay Company, Inc., 1975), pp. 182–183.

33. See, for example, Bernard E. Anderson, *Negro Employment in Public*

Utilities, pp. 73, 80, 84–87, 92–95, 114, 139, 150, 152; Venus Green, *Race on the Line*, pp. 210–211; Michael R. Winston, "Through the Back Door: Academic Racism and the Negro Scholar in Historical Perspective," *Daedalus, Vol. 100, No. 3* (Summer 1971), pp. 695, 705; Greg Robinson, "Davis, Allison," *Encyclopedia of African-American Culture and History*, edited by Colin A. Palmer, Volume C–F, p. 583; "The Talented Black Scholars Whom No White University Would Hire," *Journal of Blacks in Higher Education*, No. 58 (Winter 2007/2008), p. 81; Thomas Sowell, *Discrimination and Disparities*, revised and enlarged edition, pp. 49–52; Thomas Sowell, *Race and Economics*, pp. 182–183.

34. Bernard E. Anderson, *Negro Employment in Public Utilities*; Venus Green, *Race on the Line*, pp. 210–211; Michael R. Winston, "Through the Back Door: Academic Racism and the Negro Scholar in Historical Perspective," *Daedalus, Vol. 100, No. 3* (Summer 1971), pp. 695, 705; Milton & Rose Friedman, *Two Lucky People*, pp. 91–92, 94–95, 105–106, 153–154; Greg Robinson, "Davis, Allison," *Encyclopedia of African-American Culture and History*, edited by Colin A. Palmer, Volume C–F, p. 583; "The Talented Black Scholars Whom No White University Would Hire," *Journal of Blacks in Higher Education*, No. 58 (Winter 2007/2008), p. 81; Thomas Sowell, *Discrimination and Disparities*, revised and enlarged edition, pp. 49–52; Thomas Sowell, *Race and Economics*, pp. 182–183.

35. "The Talented Black Scholars Whom No White University Would Hire," *Journal of Blacks in Higher Education*, No. 58 (Winter 2007/2008), p. 81; Michael R. Winston, "Through the Back Door: Academic Racism and the Negro Scholar in Historical Perspective," *Daedalus*, Vol. 100, No. 3 (Summer 1971), p. 705.

36. Ezra Mendelsohn, *The Jews of East Central Europe Between the World Wars* (Bloomington: Indiana University Press, 1983), pp. 23, 27.

37. Raphael Mahler, "Jews in Public Service and the Liberal Professions in Poland, 1918–1939," *Jewish Social Studies, Vol. 6, No. 4* (October 1944), pp. 298, 299.

38. Walter E. Williams, *South Africa's War Against Capitalism* (New York: Praeger Publishers, 1989), pp. 78, 101–105.

39. Ibid., p. 81.

40. "Class and the American Dream," *New York Times*, May 30, 2005, p. A14.

41. Eugene Robinson, "Tattered Dream: Who'll Tackle the Issue of Upward Mobility?" *Washington Post*, November 23, 2007, p. A39.

42. E. J. Dionne, Jr., "Political Stupidity, U.S. Style," *Washington Post*, July 29, 2010, p. A23. This column also appeared in *Investor's Business Daily*, under the title "Overtaxed Rich Is a Fairy Tale of Supply Side."

43. *Public Papers of the Presidents of the United States, Barack Obama: 2013* (Washington: United States Government Publishing Office, 2018), Book II, p. 1331.

44. Joseph E. Stiglitz, *The Great Divide: Unequal Societies and What We Can Do About Them* (New York: W. W. Norton, 2015), p. 88.

45. Ibid., p. 90.

46. Ibid., p. xv.

47. U.S. Department of the Treasury, "Income Mobility in the U.S. from 1996 to 2005," November 13, 2007, p. 7.

48. See, for example, W. Michael Cox and Richard Alm, "By Our Own Bootstraps: Economic Opportunity & the Dynamics of Income Distribution," *Annual Report, 1995*, Federal Reserve Bank of Dallas, p.

8; Mark Robert Rank, Thomas A. Hirschl and Kirk A. Foster, *Chasing the American Dream: Understanding What Shapes Our Fortunes* (Oxford: Oxford University Press, 2014), p. 105; Thomas A. Hirschl and Mark R. Rank, "The Life Course Dynamics of Affluence," *PLoS ONE*, January 28, 2015, p. 5.

49. Thomas A. Hirschl and Mark R. Rank, "The Life Course Dynamics of Affluence," *PLoS ONE*, January 28, 2015, p. 5.

50. W. Michael Cox and Richard Alm, "By Our Own Bootstraps: Economic Opportunity & the Dynamics of Income Distribution," *Annual Report, 1995,* Federal Reserve Bank of Dallas, p. 8.

51. Ibid.

52. Ibid.

53. U.S. Department of the Treasury, "Income Mobility in the U.S. from 1996 to 2005," November 13, 2007, p. 10. See also "Movin' On Up," *Wall Street Journal*, November 13, 2007, p. A24.

54. Niels Veldhuis, et al., "The 'Poor' Are Getting Richer," *Fraser Forum*, January/February 2013, p. 25.

55. U.S. Bureau of Labor Statistics, "Consumer Expenditures Report," Report 1090, December 2020, Table 1, p. 12.

56. Ibid.

57. John McNeil, "Changes in Median Household Income: 1969 to 1996," *Current Population Reports*, P23–196 (Washington: U.S. Bureau of the Census, 1998), p. 1.

58. Herman P. Miller, *Income Distribution in the United States* (Washington: U.S. Government Printing Office, 1966), p. 7.

59. Louis Uchitelle, "Stagnant Pay: A Delayed Impact," *New York Times*, June 18, 1991, p. D2.

60. Barbara Vobejda, "Elderly Lead All in Financial Improvement," *Washington Post*, September 1, 1998, p. A3.

61. Amy Kaslow, "Growing American Economy Leaves Middle Class Behind," *Christian Science Monitor*, November 1, 1994, p. 2.

62. Compare Tom Wicker, "L. B. J. 's Great Society," *New York Times*, May 7, 1990, p. A15; Tom Wicker, "Let 'Em Eat Swiss Cheese," *New York Times*, September 2, 1988, p. A27.

63. Paul Krugman, "Rich Man's Recovery," *New York Times*, September 13, 2013, p. A25.

64. U.S. Department of the Treasury, "Income Mobility in the U.S. from 1996 to 2005," November 13, 2007, p. 4.

65. Internal Revenue Service, Statistics of Income Division, "The 400 Individual Income Tax Returns Reporting the Largest Adjusted Gross Incomes Each Year, 1992–2014," December 2016, Table 4, p. 17.

66. Emily A. Shrider, Melissa Kollar, Frances Chen and Jessica Semega, "Income and Poverty in the United States: 2020," *Current Population Reports*, P60–273 (Washington: U.S. Government Publishing Office, 2021), p. 9.

67. Joseph E. Stiglitz, *The Great Divide*, p. xv.

68. Alan Reynolds, *Income and Wealth* (Westport, Connecticut: Greenwood Press, 2006), p. 67.

69. Robert Rector and Rachel Sheffield, "Air Conditioning, Cable TV, and an Xbox: What Is Poverty in the United States Today?" *Backgrounder*, No. 2575, Heritage Foundation, July 18, 2011, p. 10.

70. Thomas A. Hirschl and Mark R. Rank, "The Life Course Dynamics of Affluence," *PLoS ONE*, January 28, 2015, p. 5.

71. W. Michael Cox and Richard Alm, "By Our Own Bootstraps: Economic Opportunity & the Dynamics of Income Distribution," *Annual Report, 1995*, Federal Reserve Bank of Dallas, p. 16; U.S. Bureau of the Census, "Age—All People (Both Sexes Combined)

by Median and Mean Income: 1974 to 2020," *Current Population Survey, 1975–2021*, Annual Social and Economic Supplements (CPS ASEC), Table P–10.

72. Alan Reynolds, *Income and Wealth*, p. 22.

第 4 章 知識悖論

1. See, for example, Thomas Sowell, *A Conflict of Visions: Ideological Origins of Political Struggles* (New York: Basic Books, 2002), Chapter 3.

2. Joses C. Moya, *Cousins and Strangers: Spanish Immigrants in Buenos Aires, 1850–1930* (Berkeley: University of California Press, 1998), pp. 119, 145–146. Similarly, most of the Italian immigrants to Australia, between 1881 and 1899, came from places containing only 10 percent of the population of Italy. Helen Ware, *A Profile of the Italian Community in Australia* (Melbourne: Australian Institute of Multicultural Affairs and Co.As.It. Italian Assistance Association, 1981), p. 12.

3. Helen Ware, *A Profile of the Italian Community in Australia*, p. 12.

4. G. Cresciani, "Italian Immigrants 1920–1945," *The Australian People: An Encyclopedia of the Nation, Its People and Their Origins*, edited by James Jupp (Cambridge: Cambridge University Press, 2001), p. 501.

5. Walter D. Kamphoefner, "The German Agricultural Frontier: Crucible or Cocoon," *Ethnic Forum*, Volume 4, Nos. 1–2 (Spring 1984), pp. 24–25.

6. Theodore Huebener, *The Germans in America* (Philadelphia: Chilton Company, 1962), p. 84; Hildegard Binder Johnson, "The Location of German Immigrants in the Middle West," *Annals of the Association of American Geographers*, edited by Henry Madison Kendall,

Volume XLI (1951), pp. 24–25.

7. Jack Chen, *The Chinese of America* (San Francisco: Harper & Row, 1980), p. 18.

8. Louise L'Estrange Fawcett, "Lebanese, Palestinians and Syrians in Colombia," *The Lebanese in the World: A Century of Emigration*, edited by Albert Hourani and Nadim Shehadi (London: The Centre for Lebanese Studies, 1992), p. 368.

9. Moses Rischin, *The Promised City: New York's Jews 1870–1914* (Cambridge, Massachusetts: Harvard University Press, 1962), pp. 76, 78.

10. Tyler Anbinder, *City of Dreams: The 400-Year Epic History of Immigrant New York* (Boston: Houghton Mifflin Harcourt, 2016), p. 185.

11. Charles A. Price, *The Methods and Statistics of 'Southern Europeans in Australia'* (Canberra: The Australian National University, 1963), p. 45.

12. John Rawls, *A Theory of Justice* (Cambridge, Massachusetts: Harvard University Press, 1971), pp. 30–31, 43, 60–61, 302, 325.

13. Frederick Jackson Turner, "Pioneer Ideals and the State University," *Rereading Frederick Jackson Turner: "The Significance of the Frontier in American History" and Other Essays*, edited by John Mack Faragher (New York: Henry Holt, 1994), p. 116.

14. F. A. Hayek, *The Constitution of Liberty* (Chicago: University of Chicago Press, 1960), p. 26.

15. John Rawls, *A Theory of Justice*, pp. 30–31, 43, 60–61, 302, 325.

16. Ibid.

17. See John Dewey, "Can Education Share in Social Reconstruction?" *John Dewey: The Later Works, 1925–1953, Volume 9: 1933–1934*, edited by Jo Ann Boydston (Carbondale: Southern Illinois University

Press, 1986), pp. 205–209.

18. Jean-Jacques Rousseau, *The Social Contract*, translated by Maurice Cranston (New York: Penguin Books, 1968), p. 69.

19. William Godwin, *Enquiry Concerning Political Justice, and Its Influence on General Virtue and Happiness* (London: G. G. J. and J. Robinson, 1793). The word "Political" in the title was used in the sense common at the time, referring to organized society—the polity—much as the expression "political economy" in that same era referred to the economics of the society or polity, as distinguished from the economics of a household or a business. In short, Godwin wrote on social justice, as that term is used today.

20. William Godwin, *Enquiry Concerning Political Justice, and Its Influence on Morals and Happiness*, edited by F. E. L. Priestley (Toronto: University of Toronto Press, 1946), Vol. I, p. 104.

21. John Stuart Mill, *Principles of Political Economy*, edited by W. J. Ashley (New York: Longmans, Green and Company, 1909), p. 947.

22. John Stuart Mill, "On Liberty," *Collected Works of John Stuart Mill, Vol. XVIII: Essays on Politics and Society*, edited by J. M. Robson (Toronto: University of Toronto Press, 1977), p. 269.

23. John Stuart Mill, "Civilization," Ibid., p. 139.

24. Ibid., p. 121.

25. John Stuart Mill, "De Tocqueville on Democracy in America [I]," Ibid., p. 86.

26. John Stuart Mill, "On Liberty," Ibid., p. 222.

27. Ibid., p. 267.

28. John Stuart Mill, "Civilization," Ibid., p. 128.

29. Randall E. Stross, *The Wizard of Menlo Park: How Thomas Alva Edison Invented the Modern World* (New York: Crown, 2007), p. 4; Ford Richardson Bryan, *Beyond the Model T: The Other Ventures of*

Henry Ford, revised edition (Detroit: Wayne State University Press, 1997), p. 175.

30. Peter L. Jakab, *Visions of a Flying Machine: The Wright Brothers and the Process of Invention* (Washington: Smithsonian Institution Press, 1990), pp. 2–3, 7.

31. Jean-Jacques Rousseau, *The Social Contract*, translated by Maurice Cranston, p. 115.

32. Ibid., p. 89.

33. William Godwin, *Enquiry Concerning Political Justice, and Its Influence on Morals and Happiness*, edited by F.E.L. Priestley, Vol. I, p. 446; Antoine-Nicolas de Condorcet, *Sketch for a Historical Picture of the Progress of the Human Mind*, translated by June Barraclough (London: Weidenfeld and Nicolson, 1955), p. 114.

34. Karl Marx and Frederick Engels, *Selected Correspondence: 1846–1895* (New York: International Publishers, 1942), p. 190.

35. Bernard Shaw, *The Intelligent Woman's Guide to Socialism and Capitalism* (London: Constable and Company, 1928), p. 456.

36. Ronald Dworkin, *Taking Rights Seriously* (Cambridge, Massachusetts: Harvard University Press, 1978), p. 239.

37. Mona Charen, *Do-Gooders: How Liberals Hurt Those They Claim to Help—and the Rest of Us* (New York: Sentinel, 2004), p. 124.

38. Ralph Nader, "The Safe Car You Can't Buy," *The Nation*, April 11, 1959, p. 312.

39. Milton & Rose Friedman, *Two Lucky People: Memoirs* (Chicago: University of Chicago Press, 1998), p. 454.

40. George J. Stigler, *Memoirs of an Unregulated Economist* (New York: Basic Books, 1988), p. 89.

41. Ibid., p. 178.

42. Milton & Rose Friedman, *Two Lucky People*, pp. 370–371.

43. John Maynard Keynes, *Two Memoirs: Dr. Melchoir, A Defeated Enemy and My Early Beliefs* (London: Rupert Hart-Davis, 1949), pp. 97–98.

44. Ibid., p. 98.

45. R. F. Harrod, *The Life of John Maynard Keynes* (London: Macmillan, 1952), p. 468.

46. Walter E. Weyl, *The New Democracy: An Essay on Certain Political and Economic Tendencies in the United States* (New York: The Macmillan Company, 1912), pp. 164, 353.

47. Ibid., p. 164.

48. Walter E. Williams, *Race & Economics: How Much Can Be Blamed on Discrimination* (Stanford: Hoover Institution Press, 2011), pp. 42–43.

49. Ibid.

50. Ibid., p. 43.

51. Nicholas Kristof, "Is a Hard Life Inherited?" *New York Times*, August 10, 2014, Sunday Review section, p. 1.

52. See, for examples, Thomas Sowell, *Basic Economics: A Common Sense Guide to the Economy*, fifth edition (New York: Basic Books, 2015), Chapter 11; Thomas Sowell, *Discrimination and Disparities*, revised and enlarged edition (New York: Basic Books, 2019), pp. 52–55, 105–110; P.T. Bauer, "Regulated Wages in Under- developed Countries," *The Public Stake in Union Power*, edited by Philip D. Bradley (Charlottesville: University of Virginia Press, 1959), pp. 324–349; Walter E. Williams, *Race & Economics*, pp. 32–38, 46–48, 51–53.

53. "Economic and Financial Indicators," *The Economist*, March 15, 2003, p. 100.

54. "Economic and Financial Indicators," *The Economist*, September 7, 2013, p. 92.

55. "Hong Kong's Jobless Rate Falls," *Wall Street Journal*, January 16, 1991, p. C16.

56. U.S. Bureau of the Census, *Historical Statistics of the United States: Colonial Times to 1970* (Washington: Government Printing Office, 1975), Part 1, p. 126.

57. Charles H. Young and Helen R. Y. Reid, *The Japanese Canadians* (Toronto: University of Toronto Press, 1938), pp. 47–50; Tomoko Makabe, "The Theory of the Split Labor Market: A Comparison of the Japanese Experience in Brazil and Canada," *Social Forces*, March 1981, pp. 795, 796.

58. Walter E. Williams, *South Africa's War Against Capitalism* (New York: Praeger Publishers, 1989), pp. 70–74; Walter E. Williams, *Race & Economics*, pp. 46–48; Walter E. Williams, *The State Against Blacks* (New York: New Press, 1982), pp. 39–40.

59. P. T. Bauer, "Regulated Wages in Under-developed Countries," *The Public Stake in Union Power*, edited by Philip D. Bradley, pp. 324–349; Walter E. Williams, *Race & Economics*, pp. 32–38. For a more general discussion of minimum wage laws and their effects on unemployment, see Thomas Sowell, *Basic Economics*, fifth edition, pp. 213–215, 220–233; Thomas Sowell, *Discrimination and Disparities*, revised and enlarged edition, pp. 52–55, 105–110.

60. Yuka Hayashi and Lalita Clozel, "CFPB Reveals Its Plan to Overhaul Payday-Lending Regulation," *Wall Street Journal*, February 7, 2019, p. B11.

61. For examples, see the following editorials from the *New York Times*: "391 Percent Payday Loan," April 13, 2009, p. A20, "Pay Pals," June 10, 2009, p. A28, and "Borrowers Bled Dry," July 13, 2009, p. A18.

62. See, for example, "Payday Parasites," *Washington Post*, February

14, 2008, p. A24; Bethany McLean, "Loan Shark Inc.," *The Atlantic Monthly*, May 2016, pp. 64–69; "A Crackdown on Predatory Payday Loans," *Los Angeles Times*, October 9, 2017, p. A13; "Payday Lenders, Unleashed," *Los Angeles Times*, February 8, 2019, p. A10.

63. Irving Howe, *World of Our Fathers: The Journey of the East European Jews to America and the Life They Found and Made* (New York: Harcourt Brace Jovanovich, 1976), p. 148.

64. Simon Kuznets, "Immigration of Russian Jews to the United States: Background and Structure," *Perspectives in American History*, edited by Donald Fleming and Bernard Bailyn (Cambridge, Massachusetts: Charles Warren Center for Studies in American History, Harvard University, 1975), Vol. IX, p. 113.

65. Oliver MacDonagh, "The Irish Famine Emigration to the United States," *Perspectives in American History*, edited by Donald Fleming and Bernard Bailyn (Cambridge, Massachusetts: Charles Warren Center for Studies in American History, Harvard University, 1976), Vol. X, pp. 394–395.

66. Walter E. Weyl, *The New Democracy*, p. 164.

67. United States Senate, Eighty-Ninth Congress, Second Session, *Family Planning Program: Hearing Before the Subcommittee on Employment, Manpower and Poverty of the Committee on Labor and Public Welfare* (Washington: U. S. Government Printing Office, 1966), p. 84.

68. The *New York Times* editorially rejected "emotions and unexamined tradition" in this area, and its education editor declared: "To fear that sex education will become synonymous with greater sexual permissiveness is to misunderstand the fundamental purpose of the entire enterprise." Fred M. Hechinger, "Introduction," *Sex Education and the Schools*, edited by Virginia Hilu (New York: Harper & Row,

1967), p. xiv. See also "Three's a Crowd," *New York Times*, March 17, 1972, p. 40.

69. The American Social Health Association, *Today's VD Control Problem* (New York: American Social Health Association, 1966), Table 1, p. 20.

70. Jacqueline R. Kasun, *The War Against Population: The Economics and Ideology of World Population Control* (San Francisco: Ignatius Press, 1988), p. 142.

71. Hearings Before the Select Committee on Population, Ninety- Fifth Congress, Second Session, *Fertility and Contraception in America: Adolescent and Pre-Adolescent Pregnancy* (Washington: U.S. Government Printing Office, 1978), Volume II, p. 253.

72. Centers for Disease Control and Prevention, U.S. Department of Health and Human Services, *Sexually Transmitted Disease Surveillance 2019* (April 2021), p. 33.

73. Jacqueline R. Kasun, *The War Against Population*, pp. 142, 144.

74. Centers for Disease Control and Prevention, U.S. Department of Health and Human Services, "Births to Teenagers in the United States, 1940–2000," *National Vital Statistics Reports*, Vol. 49, No. 10 (September 25, 2001), Table 1, p. 10.

75. Ibid. See also graphs on page 2.

76. Marvin Zelnik and John F. Kantner, "Sexual and Contraceptive Experience of Young Unmarried Women in the United States, 1976 and 1971," *Family Planning Perspectives*, Vol. 9, No. 2 (March-April 1977), p. 56.

77. Suzanne Fields, "'War' Pits Parents vs. Public Policy," *Chicago Sun-Times*, October 17, 1992, p. 19.

78. Ibid.

79. James Hottois and Neal A. Milner, *The Sex Education Controversy:*

A Study of Politics, Education, and Morality (Lexington, Massachusetts: Lexington Books, 1975), p. 6.

80. See, for example, Hearings Before the Select Committee on Population, Ninety-Fifth Congress, Second Session, *Fertility and Contraception in America*, Volume II, pp. 1, 2; Paul A. Reichelt and Harriet H. Werley, "Contraception, Abortion and Venereal Disease: Teenagers' Knowledge and the Effect of Education," *Family Planning Perspectives, Vol. 7, No. 2* (March-April 1975), pp. 83–88; Les Picker, "Human Sexuality Education: Implications for Biology Teaching," The American Biology Teacher, Vol. 46, No. 2 (February 1984), pp. 92–98.

81. Hearings Before the Select Committee on Population, Ninety- Fifth Congress, Second Session, *Fertility and Contraception in America*, Volume II, p. 625.

82. William Godwin, *Enquiry Concerning Political Justice, and Its Influence on Morals and Happiness*, edited by F. E. L. Priestley, Vol. I, p. 47.

83. William Godwin, *The Enquirer: Reflections on Education, Manners, and Literature* (London: G. G. and J. Robinson, 1797), p. 70.

84. Woodrow Wilson, "What is Progress?" *American Progressivism: A Reader*, edited by Ronald J. Pestritto and William J. Atto (Lanham, Maryland: Lexington Books, 2008), p. 48.

85. John Dewey, *Democracy and Education: An Introduction to the Philosophy of Education* (New York: The Macmillan Company, 1916), p. 92.

86. John Dewey and Evelyn Dewey, *Schools of To-Morrow* (New York: E. P. Dutton & Company, 1915), p. 304.

87. John Dewey, *Democracy and Education*, p. 24.

88. See, for example, Robert B. Westbrook, "Schools for Industrial

Democrats: The Social Origins of John Dewey's Philosophy of Education," *American Journal of Education*, Vol. 100, No. 4 (August 1992), pp. 401–419

89. Woodrow Wilson, "The Study of Administration," *Political Science Quarterly*, Vol. 2, No. 2 (June 1887), p. 207.

90. Ibid., p. 208.

91. Ibid., p. 214.

92. Ronald J. Pestritto and William J. Atto, "Introduction to American Progressivism," *American Progressivism*, edited by Ronald J. Pestritto and William J. Atto, pp. 23–25.

93. Woodrow Wilson, *The New Freedom: A Call for the Emancipation of the Generous Energies of a People* (New York: Doubleday, Page & Company, 1918, 1913), pp. vii–viii, 294. See also pages 19–20, 261, 283–284.

94. Ibid., p. v.

95. Ramsey Clark, *Crime in America: Observations On Its Nature, Causes, Prevention and Control* (New York: Simon and Schuster, 1970), p. 60.

96. Robert A. Dahl and Charles E. Lindblom, *Politics, Economics, and Welfare: Planning and Politico-Economic Systems Resolved into Basic Social Processes* (Chicago: University of Chicago Press, 1976), p. 36.

97. Ibid., p. 29.

98. Angus Deaton, *The Great Escape: Health, Wealth, and the Origins of Inequality* (Princeton: Princeton University Press, 2013), p. 2.

99. John Dewey, "Freedom and Culture," *John Dewey: The Later Works, 1925–1953, Volume 13: 1938–1939*, edited by Jo Ann Boydston (Carbondale: Southern Illinois University Press, 1988), p. 65.

100. Ibid.

101. Ibid., p. 66.

102. John Dewey, *Reconstruction in Philosophy* (New York: Henry Holt and Company, 1920), p. 145.

103. John Dewey, *Democracy and Education*, p. 92.

104. Ibid., p. 369.

105. John Dewey, "Liberalism and Social Action," *John Dewey: The Later Works, 1925–1953, Volume 11: 1935–1937,* edited by Jo Ann Boydston (Carbondale: Southern Illinois University Press, 1987), p. 53.

106. John Dewey and Evelyn Dewey, *Schools of To-Morrow*, p. 109.

107. Roscoe Pound, "The Need of a Sociological Jurisprudence," *The Green Bag*, October 1907, pp. 614, 615.

108. Roscoe Pound, *Criminal Justice in the American City: A Summary* (The Cleveland Foundation, 1922), Part VII, pp. 4, 13, 14, 29, 30, 31; Roscoe Pound, *Law and Morals* (Chapel Hill: North Carolina University Press, 1924), pp. ii, iii, 6, 33, 44, 59.

109. Roscoe Pound, *Law and Morals*, pp. 13, 14.

110. Roscoe Pound, *The Ideal Element in Law* (Indianapolis: Liberty Fund, 2002), pp. 19, 45, 104, 108, 110, 207, 258–259, 313.

111. Roscoe Pound, *Criminal Justice in the American City*, Part VII, pp. 5, 51; Roscoe Pound, "The Theory of Judicial Decision. III. A Theory of Judicial Decision for Today," *Harvard Law Review*, Vol. 36, No. 8 (June 1923), pp. 954, 955, 956, 957, 958.

112. Roscoe Pound, "The Need of a Sociological Jurisprudence," *The Green Bag*, October 1907, pp. 612, 613.

113. Barry Cushman, "Federalism," *The Cambridge Companion to the United States Constitution*, edited by Karen Orren and John W. Compton (New York: Cambridge University Press, 2018), p. 216.

114. Herbert Croly, a leading Progressive author and the first editor of

The New Republic magazine, deplored what he called "the practical immutability of the Constitution." Herbert Croly, *The Promise of American Life* (New York: The Macmillan Company, 1912, 1909), p. 200.

115. Roscoe Pound, "The Theory of Judicial Decision. III. A Theory of Judicial Decision for Today," *Harvard Law Review*, Vol. 36, No. 8 (June 1923), p. 946.

116. Roscoe Pound, "Mechanical Jurisprudence," *Columbia Law Review*, Vol. 8, No. 8 (December 1908), p. 615.

117. Ibid., pp. 605, 609, 612.

118. Roscoe Pound, *Law and Morals*, pp. 55–56, 58; Roscoe Pound, "The Theory of Judicial Decision. III. A Theory of Judicial Decision for Today," *Harvard Law Review*, Vol. 36, No. 8 (June 1923), pp. 950, 953.

119. Roscoe Pound, "Mechanical Jurisprudence," *Columbia Law Review*, Vol. 8, No. 8 (December 1908), pp. 612, 614.

120. Godwin, Condorcet and some latter-day believers in that approach are quoted in Thomas Sowell, *A Conflict of Visions*, pp. 157–161, 197.

121. Louis D. Brandeis, "The Living Law," *Illinois Law Review, Vol. 10, No. 7* (February 1916), p. 462; John Dewey, *Human Nature and Conduct: An Introduction to Social Psychology* (New York: Henry Holt and Company, 1922), pp. 18–19, 46; Roscoe Pound, "Review: The Principles of Anthropology and Sociology in Their Relation to Criminal Procedure by Maurice Parmelee," *American Political Science Review*, Vol. 3, No. 2 (May 1909), pp. 283–284.

122. See Fred P. Graham, "High Court Puts New Curb on Powers of the Police to Interrogate Suspects," *New York Times*, June 14, 1966, pp. 1, 25.

123. Sidney E. Zion, "Attack on Court Heard by Warren," *New York Times*, September 10, 1965, pp. 1, 38.

124. U.S. Bureau of the Census, *Historical Statistics of the United States*, Part 1, p. 414.

125. Ibid.; U.S. Bureau of the Census, *Statistical Abstract of the United States: 1980* (Washington: Government Printing Office, 1980), p. 186.

126. See U.S. Bureau of the Census, *Statistical Abstract of the United States: 1982–83* (Washington: Government Printing Office, 1982), p. 178.

127. Chief Justice Earl Warren, *The Memoirs of Earl Warren* (Garden City, New York: Doubleday and Company, Inc., 1977), p. 317. Such a reaction was not peculiar to Chief Justice Earl Warren. As far back as the eighteenth century, Edmund Burke saw a similar pattern among some of his contemporaries: "They never had any kind of system right or wrong, but only invented occasionally some miserable tale for the day, in order meanly to sneak out of difficulties into which they had proudly strutted." Edmund Burke, *Speeches and Letters on American Affairs* (London: J. M. Dent and Sons, Ltd., 1961), p. 8.

128. F. A. Hayek, *The Constitution of Liberty*, p. 30.

第 5 章 言詞、行為與危險

1. Lionel Trilling, *The Liberal Imagination: Essays on Literature and Society* (Garden City, New York: Anchor Books, 1953), pp. 214–215.

2. Milton and Rose Friedman, *Free to Choose: A Personal Statement* (New York: Harcourt Brace Jovanovich, 1980), p. 146.

3. Friedrich Hayek, *Law, Legislation and Liberty: A New Statement of the Liberal Principles of Justice and Political Economy, Vol. II:*

The Mirage of Social Justice (Chicago: University of Chicago Press, 1976), p. 64.

4. Ibid., p. 95; See also pp. 64, 75, 79; Friedrich Hayek, *Law, Legislation and Liberty: A New Statement of the Liberal Principles of Justice and Political Economy, Vol. I: Rules and Order* (Chicago: University of Chicago Press, 1973), p. 27.

5. Friedrich Hayek, *Law, Legislation and Liberty, Vol. II: The Mirage of Social Justice*, p. 64.

6. Robert C. Nichols, "Heredity, Environment, and School Achievement," *Measurement and Evaluation in Guidance, Vol. 1, No. 2* (Summer 1968), p. 126.

7. Alan Reynolds, *Income and Wealth* (Westport, Connecticut: Greenwood Press, 2006), p. 67.

8. "Choose Your Parents Wisely," *The Economist*, July 26, 2014, pp. 21–22, 25.

9. Friedrich Hayek, *Law, Legislation and Liberty, Vol. I: Rules and Order*, Chapter 2.

10. See, for example, Thomas Sowell, *The Quest for Cosmic Justice* (New York: The Free Press, 1999).

11. Friedrich Hayek, *Law, Legislation and Liberty, Vol. II: The Mirage of Social Justice*, p. 68.

12. Roscoe Pound, *Criminal Justice in the American City: A Summary* (The Cleveland Foundation, 1922), Part VII, pp. 28–29, 87–88; Roscoe Pound, "The Theory of Judicial Decision. III. A Theory of Judicial Decision for Today," *Harvard Law Review, Vol. 36, No. 8* (June 1923), pp. 944, 945, 957; John Dewey, *Human Nature and Conduct: An Introduction to Social Psychology* (New York: Henry Holt and Company, 1922), p. 46.

13. Edmund Burke, *Speeches and Letters on American Affairs* (New

York: E. P. Dutton and Company, Inc., 1961), p. 198.

14. Milton and Rose Friedman, *Free to Choose*, p. 148.

15. Friedrich Hayek, *Law, Legislation and Liberty, Vol. II: The Mirage of Social Justice*, p. 67.

16. William Godwin, *Enquiry Concerning Political Justice, and Its Influence on Morals and Happiness*, edited by F. E. L. Priestley (Toronto: University of Toronto Press, 1946), Vol. II, p. 419.

17. Bernard Shaw, *The Intelligent Woman's Guide to Socialism and Capitalism* (London: Constable and Company, 1928), p. 254.

18. Ibid., p. 169.

19. Ken Murray, "Genetics, Athletics Mesh for Mannings," *Baltimore Sun*, December 12, 2004, p. 1D.

20. *Public Papers of the Presidents of the United States, Barack Obama: 2013* (Washington: United States Government Publishing Office, 2018), Book II, p. 1331.

21. Herman Kahn, *World Economic Development: 1979 and Beyond* (Boulder, Colorado: Westview Press, 1979), pp. 60–61.

22. "Operation Wealth Speed," *Forbes*, April/May 2021, p. 72.

23. Jonathan I. Israel, *European Jewry in the Age of Mercantilism: 1550–1750* (Oxford: Clarendon Press, 1985), pp. 5–23.

24. Victor Purcell, *The Chinese in Southeast Asia*, second edition (London: Oxford University Pres, 1965), pp. 404n, 472–476, 478, 526–527; Lennox A. Mills, *Southeast Asia: Illusion and Reality in Politics and Economics* (Minneapolis: University of Minnesota Press, 1964), p. 123; J.A.C. Mackie, "Anti-Chinese Outbreaks in Indonesia, 1959–68," *The Chinese in Indonesia*, edited by J.A.C. Mackie (Honolulu: University of Hawaii Press, 1976), pp. 82, 83, 92.

25. "Is Africa Ready for Amin?" *Newsweek*, August 4, 1975, pp. 36,

41; Roger Mann, "Amin Buys Loyalty of Soldiers," *Washington Post*, April 6, 1977, p. A13; Steven Strasser, Helen Gibson, and Ron Moreau, "The Fall of Idi Amin," *Newsweek*, April 23, 1979, pp. 41–42; Pranay B. Gupte, "Picking Up the Pieces in Uganda Is Not Easy," *New York Times*, June 1, 1980, p. E2.

26. Sean Turnell, *Fiery Dragons: Banks, Moneylenders and Microfinance in Burma* (Copenhagen: NIAS Press, 2008), pp. 13–14, 49; Ian Brown, *Burma's Economy in the Twentieth Century* (New York: Cambridge University Press, 2013), pp. 96–97.

27. "Is Africa Ready for Amin?" *Newsweek*, August 4, 1975, pp. 36, 41; Roger Mann, "Amin Buys Loyalty of Soldiers," *Washington Post*, April 6, 1977, p. A13; Steven Strasser, Helen Gibson, and Ron Moreau, "The Fall of Idi Amin," *Newsweek*, April 23, 1979, pp. 41–42; Pranay B. Gupte, "Picking Up the Pieces in Uganda Is Not Easy," *New York Times*, June 1, 1980, p. E2.

28. Sean Turnell, *Fiery Dragons*, p. 193. See also Usha Mahajani, *The Role of Indian Minorities in Burma and Malaya* (Westport, Connecticut: Greenwood Press, 1973), p. 20.

29. Victor Purcell, *The Chinese in Southeast Asia*, second edition, pp. 513, 514n, 515.

30. Solomon Grayzel, *A History of the Jews: From the Babylonian Exile to the End of World War II* (Philadelphia: The Jewish Publication Society of America, 1947), pp. 387–394; Esther Benbassa, *The Jews of France: A History from Antiquity to the Present*, translated by M. B. DeBevoise (Princeton: Princeton University Press, 1999), pp. 15, 16, 20–21; H. H. Ben-Sasson, "The Collapse of Old Settlements and the Establishment of New Ones, 1348–1517," *A History of the Jewish People*, edited by H. H. Ben-Sasson (London: Weidenfeld and Nicolson, 1976), pp. 561–565.

31. Roger P. Bartlett, *Human Capital: The Settlement of Foreigners in*

Russia, 1762–1804 (New York: Cambridge University Press, 1979), pp. 35, 86–87, 88.

32. Ibid., p. 87.

33. John Stuart Mill, "On Liberty," *Collected Works of John Stuart Mill*, Vol. XVIII: *Essays on Politics and Society*, edited by J. M. Robson (Toronto: University of Toronto Press, 1977), p. 245.

34. See Rob Arnott and Casey B. Mulligan, "How Deadly Were the Covid Lockdowns?" *Wall Street Journal*, January 12, 2023, p. A15; Casey B. Mulligan and Robert D. Arnott, "The Young Were Not Spared: What Death Certificates Reveal about Non-Covid Excess Deaths," *Inquiry*, Vol. 59 (2022), pp. 1–9; Jiaquan Xu, et al., "Mortality in the United States, 2021," *NCHS Data Brief*, No. 456, December 2022, Figure 4, p. 4.

35. Edmund Burke, *Speeches and Letters on American Affairs*, p. 198.

36. U.S. Bureau of the Census, "Poverty Status of Families, by Type of Family, Presence of Related Children, Race, and Hispanic Origin: 1959 to 2020," *Current Population Survey, 1960–2021*, Annual Social and Economic Supplements (CPS ASEC), Table 4.

37. Terry M. Moe, *Special Interest: Teachers Unions and America's Public Schools* (Washington: Brookings Institution Press, 2011), p. 280.

38. Stephan Thernstrom and Abigail Thernstrom, *America in Black and White: One Nation, Indivisible* (New York: Simon & Schuster, 1997), p. 233.

39. Ibid.

40. Hugh Davis Graham, "The Origins of Affirmative Action: Civil Rights and the Regulatory State," *The Annals of the American Academy of Political and Social Science*, Vol. 523 (September 1992), pp. 53, 54.

41. See, for example, Shelby Steele, *The Content of Our Character: A New Vison of Race in America* (New York: St. Martin's Press, 1990); Shelby Steele, *White Guilt: How Blacks and Whites Together Destroyed the Promise of the Civil Rights Era* (New York: HarperCollins, 2006).

42. Shelby Steele, *White Guilt*, p. 123.

43. Ibid., p. 124.

44. Stephan Thernstrom and Abigail Thernstrom, *America in Black and White*, pp. 158–161.

45. James P. Smith and Finis Welch, *Race Differences in Earnings: A Survey and New Evidence* (Santa Monica, California: The Rand Corporation, 1978), pp. 15, 19. See also p. 14.

46. "Civil Rights Act," *New York Times*, July 5, 1964, p. E1.

47. Daniel P. Moynihan, "Employment, Income, and the Ordeal of the Negro Family," *Daedalus*, Vol. 94, No. 4 (Fall 1965), p. 752.

48. Stephan Thernstrom and Abigail Thernstrom, *America in Black and White*, p. 150; *Congressional Record: Senate*, June 19, 1964, p. 14511; E.W. Kenworthy, "Action by Senate: Revised Measure Now Goes Back to House for Concurrence," *New York Times*, June 20, 1964, p. 1; *Congressional Record: House*, July 2, 1964, p. 15897; "House Civil Rights Vote," *New York Times*, July 3, 1964, p. 9; E.W. Kenworthy, "President Signs Civil Rights Bill," *New York Times*, July 3, 1964, pp. 1, 9; *Statistics of the Congressional Election of November 6, 1962* (Washington: United States Government Printing Office, 1963), p. 46; William Anderson, "Predicts G.O.P. Will Capture House in 1964," *Chicago Daily Tribune*, November 20, 1962, p. 8.

49. For documented examples, see Thomas Sowell, *Affirmative Action Around the World: An Empirical Study* (New Haven: Yale University

Press, 2004), pp. 11, 13, 26–27, 30–32, 33, 34, 61, 62– 63, 69, 120–122.

50. Ibid., p. 32.

51. Ibid., pp. 12–13, 30, 33, 34, 121–122.

52. Ibid., pp. 12, 13, 120, 121.

53. John H. Bunzel, "Affirmative-Action Admissions: How It 'Works' at UC Berkeley," *The Public Interest*, Fall 1988, p. 124; National Center for Education Statistics, *The Condition of Education: 1996* (Washington: U.S. Government Printing Office, 1996,) p. 86.

54. John H. Bunzel, "Affirmative-Action Admissions: How It 'Works' at UC Berkeley," *The Public Interest*, Fall 1988, p. 125.

55. Richard H. Sander and Stuart Taylor, Jr., *Mismatch: How Affirmative Action Hurts Students It's Intended to Help, and Why Universities Won't Admit It* (New York: Basic Books, 2012), pp. 138, 153, 154.

56. Ibid., p. 154.

57. Ibid.

58. Arthur Hu, "Minorities Need More Support," *The Tech* (M.I.T.), March 17, 1987, pp. 4, 6.

59. Robert Lerner and Althea K. Nagai, *Racial and Ethnic Preferences in Admissions at Five Public Medical Schools* (Washington: Center for Equal Opportunity, 2001), pp. 12, 34–36, 51–52, 71–73, 81–83.

60. Richard H. Sanderand Stuart Taylor, Jr., *Mismatch*, p. 231.

61. Ibid., pp. 237–244; Gail Heriot, "A Dubious Expediency," *A Dubious Expediency: How Race Preferences Damage Higher Education*, edited by Gail Heriot and Maimon Schwarzschild (New York: Encounter Books, 2021), pp. 73–74, 75.

62. See, for example, Stephan Thernstrom and Abigail Thernstrom, "Reflections on The Shape of the River," *UCLA Law Review, Vol. 46, No. 5* (June 1999), pp. 1588–1590.

63. Richard H. Sander and Stuart Taylor, Jr., *Mismatch*, pp. 106, 236.

64. Stephan Thernstrom and Abigail Thernstrom, "Reflections on The Shape of the River," *UCLA Law Review*, Vol. 46, No. 5 (June 1999), pp. 1583–1631; Richard H. Sander and Stuart Taylor, Jr., *Mismatch*, pp. 106–107, 236–237; Thomas Sowell, *Wealth, Poverty and Politics*, revised and enlarged edition (New York: Basic Books, 2016), pp. 200–203.

65. Merrill Sheils, et al., "Minority Report Card," *Newsweek*, July 12, 1976, pp. 74–75; Bernard D. Davis, "Academic Standards in Medical Schools," *New England Journal of Medicine*, May 13, 1976, pp. 1118–1119; J. W. Foster, "Race and Truth at Harvard," *The New Republic*, July 17, 1976, pp. 16–20. An example of what Professor Davis warned against was Dr. Patrick Chavis, who had been admitted under a minority preference program to the medical school at the University of California at Davis. Richard H. Sander and Stuart Taylor, Jr., *Mismatch*, p. 195.

66. Thomas Sowell, *A Man of Letters* (New York: Encounter Books, 2007), p. 118.

67. Ibid., p.107; Thomas Sowell, *A Personal Odyssey* (New York: The Free Press, 2000), pp. 202–203.

68. Gail Heriot, "A Dubious Expediency," *A Dubious Expediency*, edited by Gail Heriot and Maimon Schwarzschild, pp. 46–50, 274–275; Robin Wilson, "Article Critical of Black Students' Qualifications Roils Georgetown U. Law Center," *Chronicle of Higher Education*, April 24, 1991, pp. A33, A35.

69. Richard H. Sander and Stuart Taylor, Jr., *Mismatch*, pp. 158–162.

70. Eric Kelderman, "College Presidents Created a Money Monster. Now Will They Tame It?" *Chronicle of Higher Education*, Volume 68, Issue 12 (February 18, 2022), p. 7; Bill Saporito, "The NCAA

Keeps Running Plays Against Pay for Student-Athletes," *Washington Post*, May 25, 2023, p. A19.

71. According to the *Chronicle of Higher Education*, "about half of the athletes in those Division I sports are Black." At colleges where 2.4 percent of the undergraduate student population were black males, they were "55 percent of their football teams and 56 percent of their men's basketball teams." Victoria Jackson, "The NCAA's Farcical Anti-Athlete Argument: The Real 'March Madness' Is the Organization's Work to Deprive Athletes of More Educational Resources," *Chronicle of Higher Education*, Volume 67, Issue 16 (April 16, 2021).

72. Some of the incentives, constraints and patterns in academic institutions are addressed in Thomas Sowell, *Economic Facts and Fallacies*, second edition (New York: Basic Books, 2011), Chapter 4. Brad Wolverton, "NCAA Considers Easing Demands on Athletes' Time," *Chronicle of Higher Education*, Volume 62, Issue 18 (January 15, 2016); Marc Tracy, "N.C.A.A. Declines to Punish North Carolina for Academic Fraud," *New York Times*, October 14, 2017, p. D1. An older account suggests that this sort of thing has been going on for generations. Thomas Sowell, *Inside American Education: The Decline, the Deception, the Dogmas* (New York: Free Press, 1993), Chapter 9.

73. Richard H. Sander and Stuart Taylor, Jr., *Mismatch*, pp. 220–230.

74. U.S. Department of Health and Human Services, *Health, United States, 2006* (Hyattsville, Maryland: National Center for Health Statistics, 2007), Table 45, p. 228; Barry Latzer, *The Rise and Fall of Violent Crime in America* (New York: Encounter Books, 2016), p. 93.

75. [Daniel Patrick Moynihan], *The Negro Family: The Case for*

National Action (Washington: Government Printing Office, 1965), p. 8; Centers for Disease Control and Prevention, U.S. Department of Health and Human Services, "Births: Final Data for 2000," *National Vital Statistics Reports*, Vol. 50, No. 5 (February 12, 2002), Table 19, p. 49.

76. Thomas Sowell, *Affirmative Action Around the World*, pp. 12–13, 30, 33, 34, 61, 62–63, 69.

77. Ibid., pp. 13, 120–122.

78. Reginald G. Damerell, *Education's Smoking Gun: How Teachers Colleges Have Destroyed Education in America* (New York: Freundlich Books, 1985), p. 164.

79. Leonard Buder, "Board Asks Defeat of a Bill Retaining 4 Specialized Schools' Entrance Tests," *New York Times*, May 17, 1971, p. 26.

80. Maria Newman, "Cortines Has Plan to Coach Minorities into Top Schools," *New York Times*, March 18, 1995, p. 1.

81. Fernanda Santos, "Black at Stuy," *New York Times*, February 26, 2012, Metropolitan Desk, p. 6.

82. Donald Harman Akenson, "Diaspora, the Irish and Irish Nationalism," *The Call of the Homeland: Diaspora Nationalisms, Past and Present*, edited by Allon Gal, et al (Leiden: Brill, 2010), pp. 190–191; Michael Ornstein, *Ethno-Racial Inequality in the City of Toronto: An Analysis of the 1996 Census* (Toronto: Access and Equity Unit, City of Toronto, 2000), p. ii.

83. Milton Friedman, "Asian Values: Right..." *National Review*, December 31, 1997, pp. 36–37; Alex Singleton, "Creating a Showplace of Free Markets: Sir John Cowperthwaite," *Fraser Forum*, October 2006, pp. 23–24; William McGurn, "Yes, Minister," *Far Eastern Economic Review*, March 31, 1994, p. 29.

84. "Relax, Mr. Lee," *The Economist*, January 16, 1988, p. 20; "The

Wise Man of the East," *The Economist*, March 28, 2015, p. 18; Chun Han Wong and P. R. Venkat, "Singapore's Lee Set Model for Emerging Economies," *Wall Street Journal*, March 23, 2015, p. A1; Daniel Yergin and Joseph Stanislaw, *The Commanding Heights: The Battle for the World Economy* (New York: Touchstone, 2002), pp. 164–168, 183–184.

85. Ethan Epstein, "Democracy, Gangnam-Style," *The Weekly Standard*, December 17, 2012, pp. 23–26; David Ekbladh, "How to Build a Nation," *The Wilson Quarterly*, Vol. 28, No. 1 (Winter 2004), pp. 19–20; Norman Pearsltine, "How South Korea Surprised the World," *Forbes*, April 30, 1979, pp. 53 ff.

86. Gurcharan Das, "India Unbound," *The American Spectator*, Summer Reading Issue 2001, pp. 36–38; Rakesh Mohan, "India at the Crossroads," *Far Eastern Economic Review*, March 2, 2000, p. 34.

87. "Capitalism with Chinese Characteristics," *The Economist*, November 28, 1992, special survey on China, pp. 6–8; "Enter the Dragon," *The Economist*, March 10, 2001, pp. 23–25; "The Fruits of Growth," *The Economist*, January 2, 2021, pp. 28–29.

88. Oliver Wendell Holmes, *Collected Legal Papers* (New York: Peter Smith, 1952), p. 293.

89. Paul Johnson, *The Quotable Paul Johnson: A Topical Compilation of His Wit, Wisdom and Satire*, edited by George J. Marlin, et al (New York: Farrar, Strauss and Giroux, 1994), p. 138.

不平等的錯覺

意識形態混戰下的謬誤與真相

Social Justice Fallacies

作者：湯瑪斯‧索威爾(Thomas Sowell)｜譯者：周宜芳｜副總編輯：鍾顏聿｜視覺：白日設計、薛美惠｜出版：感電出版｜發行：遠足文化事業股份有限公司（讀書共和國出版集團）｜地址：23141 新北市新店區民權路108-2號9樓｜電話：02-2218-1417｜傳真：02-8667-1851｜客服專線：0800-221-029｜法律顧問：華洋法律事務所　蘇文生律師｜EISBN：9786267523025（EPUB）、9786267523018（PDF）｜出版日期：2024年9月｜定價：480元

國家圖書館出版品預行編目(CIP)資料

不平等的錯覺：意識形態混戰下的謬誤與真相/湯瑪斯.索威爾(Thomas
Sowell)作；周宜芳譯. -- 新北市：感電出版：遠足文化事業股份有限公
司發行, 2024.09
272面；15.4×21.6公分

譯自：Social justice fallacies

ISBN 978-626-7523-03-2（軟精裝）

1.CST: 社會正義 2.CST: 自由主義 3.CST: 美國

540.21   113010988